アジア・太平洋戦争の跡を訪ねて

～私たちは日本の戦いを知っていますか～

満洲事変発祥の地　瀋陽　柳条湖九・一八事変炸弾碑（第１章）

長春　偽満皇宮博物館
内宮　皇帝溥儀の住んだ処（第１章）

ラバウル　ココポ戦争博物館
零式艦上戦闘機　21型か（第2章）

ラバウル　三菱一式陸上攻撃機か
無残な姿を晒している（第2章）

ソロモン諸島　コロンバンガラ島　洞窟内の病院の跡（第３章）

ガダルカナル島　ソロモン平和慰霊公園の祈念碑
オーステン山中腹にある（第３章）

ペリリュー島“みたま”と呼ばれる日本人兵士の慰霊碑
いろいろの慰霊碑が一ケ所に集められている（第４章）

ペリリュー島のアメリカ軍水陸両用戦車
いかにもゴツイ（第４章）

アンガウル島　戦没者の慰霊碑
下野観音像をのせている（第５章）

アンガウル島　飛行機の残骸が多くちらばっている（第５章）

パラオ、コロール　旧南洋庁庁舎
裁判所となったが、首都移転のため現在は空家（第6章）

ヤップ島
機首を上に向け翼の折れた飛行機（第7章）

旧トラック島　上空より見た北東水道　上から Quoi, Basis, Mor 環礁
Mor の南（下）を通り連合艦隊の「武蔵」「大和」はトラック泊地に向かった（第 8 章）

ポンペイ　街中に置かれた戦車
近辺の人は全く興味を示さない様子（第 9 章）

ウズベキスタン　タシケントのアリシェル・ナヴォイー名称劇場
日本人抑留者の技術が大地震に勝った（第10章）

マレーシアのサンダカン　八番娼館木下クニの墓（中）
左二基は“からゆきさん”の墓（第11章）

はじめに

私がパスポートらしき物を使ったのは、大学二年の時だった。沖縄へ行ってみたいと思った折に必要だった。沖縄がアメリカに占領されていた時だ。パスポートは「日本旅券」となっていてぶ厚くそれらしい冊子だが、沖縄用のものは白い厚紙を表紙に「身分証明書」とあった。今次の戦争の跡を見てみたい、行けそうな所は日本国内で沖縄だけだった。硫黄島は一般の人は今でも渡航禁止だ。先輩に相談してみた。当時大学には一年先輩に沖縄からの国費留学生として二人が在学していた。二人は気持ちよく飯（アゴ）と宿（泊まり）を提供してくれるということになり、春休みを利用して行くことにした。

一九六二（昭和三十七）年、私は二十歳になっていた。東海道新幹線がもうすぐ走り、東京オリンピックが開催予定されていた。高度経済成長のころだった。就職など拘らなければいくらもあり、会社に入れば六十歳の定年まで安心して働ける風潮だった。しかし沖縄は、様子がちょっと違っていた。車は右側通行、使う通貨は米ドル、商店街にはアメリカ人が歩いていて、やたらとPown Shopがある。スナックのような飲み屋には広いフロアがあり、大きなジュークボックスが置かれていた。何セント硬貨だったかを入れ、その曲で皆踊っている。飲むのはコークハイが多かった。広い道路には戦車が走って行く。その図体から想像できない早さだ。交差点では瞬時に九十度曲がり、又恐ろしい速さで去っていく。戦車の走るのを初めて見たが、あの直角の曲がり様に驚き恐怖を感じた。アメリカの統治下なのだ。

先の戦いで沖縄戦は本土決戦を遅らせるための捨て石になった。「持久戦」を強いられたので、犠牲は大きかった。兵員が不足したので、学徒隊、少年兵も動員された。戦いでの全死者は約二十万人、そのうち半数は一般市民で、沖縄県民四人に一人は亡くなったという。なんせ「鉄の暴風」と呼ばれ爆弾は二十万t使われたという。

一九四五（昭和二十）年三月二十六日、慶良間列島に米軍は押し寄せ、四月一日に本島の読谷（ヨミタン）に上陸した。米軍は南北に分かれて侵攻して来た。五月下旬第三十二軍司令部は首里を引き払い南部へ撤退した。六月二十三日、摩文仁で第三十二軍牛島満司令官は自決した。沖縄の組織的戦闘はこれで終わったが、牛島司令官は自決前に「最後マデ敢闘シ悠久ノ大義ニ生クベシ」との言葉を残した。そのため、軍民混在でゲリラ戦を継続した。これにより犠牲は更に増えたという。

T先輩は慰霊碑の建っている戦いの激しかったポイントへ、自宅のある首里から南部へ、又中部へと丁寧に連れて行ってくれた。かれの母の経営する人形工房の慰安旅行にも連れて行ってもらい、辺土岬や伊江島にも行けた。辺土岬からは奄美群島の与論島が目の前に見えた。

M先輩の手配で実家の宮城島に渡ってみた。島は東部の勝連半島の先にあり、弟と祖母が相手をしてくれた。弟はまだ小学校に行っていないので、標準語が話せない。祖母はウチナー語だ。弟の案内で島の洞窟に行ってみて驚いた。内部には頭蓋骨をはじめ人間の骨が敷くようにあった。彼は片手に一つずつの頭の骨を持ち上げてみせた。彼らの遊び場らしい。私も二つの頭骨を両手に持ち、セルフタイマーで写真を撮って証拠とした。この骨は戦争で生じたものか、墓から出たものかは不明のままだ。

「コチサビタン」（ごちそうさま）「ニヘーデビル」（ありがとう）だけで笑って済ませ、島で二日暮らした。夜祖母と二人で泡盛を飲んだ。年の離れた先輩の弟が酌をした。祖母も飲む。私も行ける方。しかし相手は泡盛だ。強い。その日はそこにそのまま朝まで寝てしまった。

ところでこの家は本当に先輩の家だったのか、帰り際になって心配になってきた。名字は合っているが集落のほとんどが同じ名字なのだ。もし違った家だったらごめんなさい。

沖縄県は日本国土の〇・六％の広さで、そこに在日米軍基地の七〇％がある。そんな状態で一九七二（昭和四十七）年日本復帰をした。T先輩は沖縄電電公社に勤め、M先輩は沖縄の高校の先生になった。

私もさる会社に籍を置き、全くの実力と運次第の歩合給営業部員になった。この話は別の機会にするとしよう。業績は善く、目的は成就しつつあったとだけにしておこう。

だんだんと歳を重ねるに従い趣味も固定化されてきた。写真撮影、鉄道関連品蒐集、海外旅行が私の三大趣味となった。海外旅行も、どこに行くかいろいろ迷ったが、世界二百カ国のうち日本が先の戦争で世話になったり、迷惑をかけた国が、その後どうなっているかを知るのも意義あることと思い、戦跡巡りを第一目標にした。本を求めるにも恋のロマンを求めるよりも、戦争の中に興奮を求める風な読書傾向にあった。戦記物も多い。司馬遼太郎の坂の上の雲など文庫本の全八巻を五回も読んだ。

しかし旧戦地を訪ねる旅というのは旅行会社も募集しないものだ。やはり世界遺産のほうが人を集めやすいのだろう。しかし、ある時、中国の東北三省、旧満洲への呼びかけがあって行ってみた。勝手に満洲国を建てて開拓民を送り込み、資源を搾取した日本人が傷をなめなめ旅行をし、関係する戦跡に会えるだろうかと心配したが行ってみて安堵した。金持ちの外国人旅行者として迎えてくれた。古い建物や遺跡は大切に保管されていて、充分に満洲の雰囲気を味わえた。日本人の不始末は碑として残り、建物は再利用され機能を果たしていた。戦跡を巡るに遅いということはないと確信した。

日本は第一次世界大戦後、国際連盟の常任理事国となった。そして赤道以北の南洋諸島が日本の委任統治領になった。一九二〇（大正九）年のことだった。日本はこれらの島々のインフラを整え、日本からの移住がし易いように舞台を作ったが、満洲建国に関してのリットン調査団の報告は日本に非がありとの結論となった。不満に思って日本は国連を脱退してしまう。一九三三（昭和八）年三月のことだ。一九三六（昭和十一）年ロンドン軍縮会議からも脱退。一九三七（昭和十二）年七月七日、日中戦争が始まる（盧溝橋事件）。歯止めは効かなくなり、南洋諸島の委任統治の島々にも軍用基地が次々とセットされていった。ここで決定打が出たのは一九四〇（昭和十五）年九月、日独伊三国同盟に調印したことだった。一九四一（昭和十六）年十二月八日、真珠湾攻撃。これまで日本の戦争は中国との間だけだったが、ここからは東南アジアの石油を求めて、一挙にアメリカ、イギリス、オランダとも戦わなければならなくなった。大陸の戦線はミャンマー（当時はビルマ）まで伸び、太平洋の島々には強力な基地が次々と生まれた。

しかしミッドウェーでは大敗し、情報不足や陸海軍の意思疎通不足によってガダルカナル島ではなすすべもなく、みじめな撤退をした。米軍は巧妙な「飛び石作戦」で沖縄と硫黄島まで日本をおいつめた。当初は威勢の良かった日本軍は山本五十六の予言通りになってしまった。

米軍の上陸のなかったラバウルと激戦地ガダルカナルは旅行会社が企画した旅程で訪れてみた。ラバウルは細かい所まで回ってまあ満足なものだったが、ガダルカナルに関しては、戦況の割には少々あっさりしすぎていた。「行ってみたい」と言っていた妻と二人でパラオ・ヤップ・チューク（トラック）を一括して大戦跡ツアーを旅行会社に組んでもらった。前評判通り、ペリリューの島ぐるみの博物館には十分満足した。そしてトラックでは連合艦隊旗艦の「武蔵」「大和」の泊地を山の上より眺められたこと、また泊地へ続く水道を機上より眺め、当時を想像し胸が熱くなった想いは一生忘れない。

写真はこれまで、鑑賞に耐えられるショットが揃ったことを自負している。私個人の写真展にも「戦跡コーナー」として出品したこともあった。年輩の男性には人気があり鋭い質問もあった。

さて先の戦争を何と呼ぶか。一九三七（昭和十二）年七月七日の「日中戦争」以後を日本政府は「大東亜戦争」と名付けた。がこれはGHQより使用不可との命令が下った。アジア大陸を南下し、周辺の島国だけの戦いなら「大東亜」でも良いかもしれないが、戦場は突然、太平洋のど真ん中へ飛び、西部太平洋が中心になってしまった。アジア大陸と太平洋上での戦い、「アジア・太平洋戦争」が一番しっくりする名称だと思っている。「太平洋戦争」だけではアジアが抜けている。「第二次世界大戦」ではあったろうが、どうしてもドイツを中心としたヨーロッパのよそよそしい感じの戦争になってしまう。日本独自の名称では「アジア・太平洋戦争」なら、へんに思想的に偏向することはなく納得する。

まずこの写真を見て、約八十年前に、誰が、どこで何をしたかを考えてみよう。我が子を膝に抱き、優しい妻の酌で酒を飲む夫が、ある日制服を着て号令一下集団で敵陣に押し入り人を殺す、これが戦争だ。狂人の行為がそこではたして正しいのか。そんな理不尽なことがあってあたりまえなのが戦場なのだ。遠い南の太平洋の島々で、圧倒的に兵力・物量に勝るアメリカ兵に向かって、日本の弥栄と妻の安寧を願い夜襲をかける兵士たち。戦争はだれが何のためにするのだろう。究極は最先端での命のやりとりだ。犬や猫でもそこまではしない。人間だけがする行為だ。戦争はしてはいけないとだれもが言っている。でも地球上では、いつもどこかで戦争がある。皆で考えてみよう。戦争をなくす要素は何なのだろう。教育、経済、哲学、政治、民主主義、平等、悪意か良心、さて何だろうか。しかし人間がからんでいることだけは確かだ。

目　次

中華人民共和国

第一章

満洲

一九九一（平成三）年

九月十二日〜二十一日

ハルビン

キタイスカヤのモデルンホテル　リットン調査団はここに泊った

満洲国の誕生

近代日本の戦争といえば中国を相手にした件から始めるのが妥当でしょう。日本は明治維新を経て文明開化、富国強兵に邁進して、軍艦を造り、近代兵器を取り入れてきた。国家が一団となって外国と戦ったのは日清戦争が最初だった。「眠れる獅子」に戦いを挑んだ政府は思い切ったことをしたものだ。なぜ戦いになったかは、清国と朝鮮と日本の関係を理解しなければならないだろう。

当時、清は朝貢体制のもと、朝鮮を属国と見做していた。一方ロシアはシベリアに鉄道を敷こうと清、朝鮮を北方より囲い込もうとしていた。又ロシアは常に極東地区に不凍港が欲しいとねらっていたのだった。

日本は朝鮮と「日朝修好条規」を結んで〔一八七六（明治九）年二月〕以来、清への朝貢を止めさせ、朝鮮の独立を願った。独立をさせ日本が有利なように市場を操作できる体制を望んでいた。そんな時、東学党の乱（甲午農民戦争）が朝鮮に起った。朝鮮は鎮圧のため、清に出兵を要請した。清の出兵に合わせ、日本も兵を出し、王宮を占領してしまった。そんな緊張の中、つまらぬことから日清戦争は始まってしまった。所は朝鮮半島の西岸中部の豊島沖で日本海軍と中国海軍がすれちがった。本来なら挨拶代わりに空砲を撃ち合うところ、何を勘違いしたのか、清の軍艦から実弾が日本軍艦に向かって放たれた。日本の軍艦は当然清の軍艦を追いつめた。この事件により、日清戦争は宣戦布告無しに暴発してしまった。余談だが、柳条湖事件（満洲事変）も盧溝橋事件（日中戦争）も仕掛けたのが日中どちらにしても、銃の発射から重大な結果を招いている。

日清戦争の戦場はほとんど朝鮮の領土内だった。日本軍は各所で清軍に連戦連勝し、結果日本の勝利に終わった。しかし和平のための「下関条約」で清国の遼東半島を日本に割譲させたのがまずかった。ロシアを中心にフランス、ドイツの三国が束になって遼東半島の返還を日本に迫ってきた「三国干渉」である。ロシアが日本の権力の伸張を恐れたためだ。当時ロシアは清の東北地方に勢力を伸ばしていた。

一方、朝鮮では高宗の皇后閔妃を中心に、宮廷内は親ロシア派が占めていた。日本側はやむなく閔妃を殺してしまう〔一八九五（明治二十八）年十月八日〕。そこまでして親ロシア派を排除しようとした。

翌年、ロシアはあろうことか、清の遼東半島の旅順・大連を租借してしまい、ハルビンから旅順まで鉄道を敷くほどまで利権を拡大させていた。独立した韓国〔一八九七（明治三十）年〕は日本の思うようにいかない。この清と韓国に対するロシアの態度を一気に解決しようとしたのが日露戦争だった。これはレーニンの言うように「ロシアの専制主義が人民に惨禍をもたらした恥ずべき侵略戦争」とみてよかろう。

日本の勝利により、世界の抑圧されていた民族に光があたった。日本はたちまち一等国にのしあがった。

樺太の南半分は日本領になり、清の遼東半島を租借し、東清鉄道の長春以南の経営権を譲り受けた。ただちに一九〇六（明治三十九）年、南満洲鉄道株式会社（以下略して満鉄）が設立され、その経営は「日本の生命線」とまで呼ばれるようになった。満洲に渡る日本人は順次多くなり、約十六億円の投資を呼んだ。これは全投資の七割に相当した。

ここで、満洲に微妙な問題が起ってきた。関東州（遼東半島の先端部）に駐留していた鉄道守備隊は長春までの鉄道付属地に展開していた。この鉄道守備隊を母体として日本陸軍内に、大本営何するものぞと、やんちゃで暴れん坊の関東軍が生まれた。

この関東軍が独断で引き起こした事件が「張作霖爆殺事件」〔一九二八（昭和三）年 六月四日〕と満洲事変〔一九三一（昭和六）年九月十八日〕だった。特に「満洲事変」は満鉄の奉天（現瀋陽）郊外の柳条湖付近で中国軍が進行中の列車に砲弾を撃ち込んだということで、関東軍が近くの北大営へおしかけたというのが初期の事変の概要だった。この事件の綿密な計画を立てたのは、関東軍の高級参謀板垣征四郎大佐と石原莞爾中佐だった。これを契機に中国東北部各地を占領し、満洲国を建国〔一九三二（昭和七）年三月一日〕した。そして帝政を実施し清の宣統帝溥儀を満洲国皇帝に据えた〔一九三四（昭和九）年三月一日〕。

日本は深刻な不況にあり農民は続々と開拓団という名のもとに満洲に移民・入植をした。満洲の人口は一九四五（昭和二十）年の終戦時には四千三百万人で、そのうち日本人の人口は百五十五万人になっていた。

しかし満洲国は国際連盟に否定されてしまった。日本人は国際的に孤立してしまい、ついに連盟を脱退してしまった〔一九三三（昭和八）年 三月二十七日〕。

一九三七（昭和十二）年七月七日、北京の盧溝橋で、日本軍と中国が衝突した。この事件は中国が日本軍に銃を向けたのが発端らしい。この事件が「日中戦争」の入り口となった。この戦いは

「支那事変」「日華事変」とも言われ、東條英機内閣は、この戦争以後を総称して「大東亜戦争」と正式名称を付けた。アメリカでは真珠湾から始まった戦いを“The War in Pacific”と呼ぶようになった。中国軍はアメリカ、イギリスの連合軍の援助を受けつつ、奥地へ、奥地へと日本軍をひっぱり込み、泥沼と言われる状態に陥ってしまう。

真珠湾から始まった太平洋、東南アジアの戦いは初戦こそ華々しかったが、惨めな結果に終わってしまった。

中国からは、すべての兵も引けずにいたが、一九四五（昭和二十）年八月八日に日ソ中立条約〔一九四一（昭和十六）年四月締結〕にもかかわらず、ソ連の満洲への侵攻に大混乱となって終戦を迎えた。それ以後の開拓団員の日本への帰国までの状況は、あまりにも悲しい事実の連続であったことを忘れてはならない。

満洲国を探して南から北へ

中国との戦争の根源は、満洲国を建設した事であろう。あれだけの人材と資本を注ぎ込んだ日本は、その利権を守ろうと必死であった。一方、癌のように自国の領土を侵された中国はいかに排斥しようか、あるいは病巣が拡張されないよう日本を研究したことだろう。

満洲国は十三年間で消滅してしまったが、実は私は満洲で生まれている。ただし、一歳で日本に引き上げているので、満洲の思い出はなにもない。

そんなことで以前から満洲国（東北三省）には行ってみたかった。中国には今まで六回ほど行っていた。シルクロードを巡ってみたり、タクラマカン砂漠の周辺を一周したり、チベットを車で走り回った。又亜熱帯に近い辺境の少数民族に会いにも行った。しかし昔の満洲国を偲び戦跡を訪ねようという旅行にはなかなか出会えなかった。

しかし、満洲の旅は意外と近くで企画されていた。長野県のローカル紙「信濃毎日新聞」社の子会社が、願ってもないコースで募集しているのを知った。すぐ申し込んだ。コースは大連・奉天（現瀋陽）撫順、新京（現長春）、ハルビン、北京を訪ねての十日間だ。これだけ回れば満洲の粗方は理解できるだろう。

参加者は十三人で、私が一番若く、たいていが七十～八十歳代だ。女性は五人。さっそく「満蒙養老部隊」と渾名をつけさせてもらった。全員、満洲に関係した人ばかりだった。元軍人、先生、商人の丁稚、開拓団員など、そうそうたる経歴の持主だ。私は瀋陽と長春の中間にある四平という街で生まれている。一年と少々の満洲生活だったので、何も覚えていない。戸籍謄本の記載を信じるしかない。

この旅のユニークなのは、生家なり、昔の職場、学校に寄ってみたいという人には本隊から離れ、別行動がとれるというオプショナルツアーが組めるという親切なツアーだ。別行動をとったのは錦州で先生をしていたという老女とその娘だけで他にはいなかった。

一九九一（平成三）年九月十二日夕方六時、予定より一時間遅れて、エアチャイナは大連に着いた。成田から三時間二十分かかった。

九月十三日

満洲　1991（平成３）年９月12日～21日

1－1　大連の市内電車　日本製の路面電車　昭和時代を彷彿させる

大連の朝だ。朝の散歩は発見するものが多いので、私の旅の定番となっている。ここはホテルの前の大通りだ。道路掃除のおばさんが、背を丸めながら、道を掃いている。靄が薄く漂っていて、道の行き着く所までは確かめられない。その靄の底から路面電車が数珠繋ぎに沸き出てきた。それは間違いなく日本製の路面電車だ。驚くことに五十年も前の製造なのだ。揃って古い。日本の昭和の時代にタイムスリップしたようだ。通勤時間帯なのだろう、どの車両も満員だ。運転手には女性の姿もある。どの車両も汚れの一筋も着いていない。侵略国がただで置いていったものだ。それを丁寧に使い廻している。中国人の合理性に感心してしまう。

大連巡りが始まった。東北三省の一大リゾート地、星が浦公園を歩いてつっきると海岸に出た。夏休みには、学校が旅館になるほど人が集まるという。ちょっと時期外れだったが、水着の若い娘が固まって甲羅を干していた。どうやって泳ぐのか拝見したったが、いつまでたっても立ち上がらない。水を掬ってみるとちょっと冷たかった。これでは入りにくかろう。

旧大連関東州庁舎、旧大連地方法務局などを車窓より

1－2　大連埠頭　母なる港・大連　昔と変わっていない

眺めているとバスはスターリン広場に着いた。スターリン像が立っていた。すると「部隊」の中の軍隊経験者が突然「スターリン野郎め」と大声を上げた。スターリンは元日本兵にとっては狼のように嫌われる対象のようだ。ソ連は一九四一（昭和十六）年、「日ソ中立条約」を日本と締結した。しかし裏では一九四五（昭和二十）年二月、クリミヤ半島のヤルタで、ルーズベルト、チャーチル、スターリンは会談をし、戦後の国際体制の構想を練った。「ヤルタ会談」だ。スターリンははっきりと対日参戦をし、ソ連が日露戦争で日本に渡した旧領土はすべてソ連に返させると明言している。条約など絵に描いた餅、破るためにあるもの、そんなことも読めなかった日本政府はアメリカへの和平工作の仲介をソ連に期待していたのだからおめでたいことだ。

ソ連は日本に宣戦布告し、結果はご覧の通りだったが、付録に手当たり次第の人さらいまでしたのだった。災難に遭った人は思い出すのもつらい経験をしたことだろう。

大連埠頭事務所ビルの屋上に上がらせてもらった。そこからは大連港のすべてが見渡せる。私は大連、奉天、新京、吉林、ハルビンの戦前の案内図をすべて揃えて持参していた。大連編も、充分活躍してくれた。この港から私は一歳を越した時、母と日本本土に渡ったのだ。どの桟橋から出港したのだろうか、港は昔の絵葉書と何も変わっていない。あっ、満洲に来たのだ…満洲を感じているのだ…自然に眼が潤んできた。

1－3　旧ヤマトホテル　現大連賓館　旧大広場　現中山広場の中心的存在

興奮冷めやらぬうちに旧大広場（現中山広場）に着いた。自由に歩き回れる時間がとってある。ここは円形の道路の外側に建物が連なっている。車はラウンドアバウト方式で、一旦ロータリーに入り、自分の進路を探して、放射線上の道に散っていく。信号はない。ここで驚いたことは、満洲時代に建てた建物が、全部ではないにしても、ほとんどが残りそれらしく使用されていることだった。旧ヤマトホテル（現大連賓館）を中心に、旧正金銀行は現中国銀行に、旧市役所民生署は現大連合庁にと入居者は変わっても同業種が建物を使っている。異業種になっているのは、二軒くらいだったか。建物もすべての外観まで細かくわからないが、たぶん建て替えていないだろう。その当時の建築技術力、美的感覚、思想、哲学まで偲ばれる。広場の中心的存在はやはり旧ヤマトホテルだろうか。満鉄の経営で、現存するホテルは三代目のヤマトホテルで、一九一四（大正三）年清水組が建てた一部五階建てのルネサンス様式のがっちりした建物だ。当時一一五室、百七十五名の収容人員だったという。客層は外国人だったというから、かなり贅沢なものだったろう。満鉄は主要都市にヤマトホテルを建設していった。

ロータリーの真中で、なにやら紙のカードでゲームをしているおじさん達に混じり、車の流れを楽しんだ。

上野駅に似せて作ったという大連駅に寄ってホテルに引き上げた。その夜、ホテルのそばに旧満鉄本社があるというので、ガイドの周さんと見に行った。旧満鉄本社は絵葉書と同じ姿で古色蒼然として闇の中にあった。近くの歩道に旧満鉄のマークのついたマンホールの蓋があった。周さんに「このマンホールの蓋、日本に持っていけば五十万円になるな」とささやくと、「中国元になおすと…そりゃ、そりゃ」と眼を丸くしていた。

九月十四日

大連より瀋陽に向かう日。沈大線辽一号特快、大連発八時三〇分、瀋陽北着一三時三四分。途中ノンストップ。辽一号は郵便車、貨物車を含めて十八両編成だ。軟座車は我々の乗る車両だけだ。三両目だが、客車では一番先頭になる。定員六十四人、ゆったりした四人のボックスで、もちろん座席は軟らかい。日本の新幹線の座席より広いように思える。新幹線よりくだけた感じに好感がもてる。あとは硬座車で、片側二人他方三人掛けで赤い色のシートだ。各車両に女性の列車掛員が乗り、無料の茶を配り、案内をし、車両の清掃をする。機関車はディーゼルの「車風号」、軌間千四百三十五ｍ／ｍ、日本の新幹線と同じだ。

私はこれでも乗り鉄、撮り鉄とよく言われるあの鉄道愛好家と自負している。又乗車券蒐集に関してはかなり造詣が深いとも思っている。当然のように今日乗る列車の機関車から最後尾の車両まで一両一両写真に収め、車番をノートに記録した。軟座車に乗り込み、発車を待っていた。するとこの車の女性列車掛員が、「これこれ、この人です」とでも言うように、私を制服のよく似合う美人に属する女性に紹介している。年のころは四十代、いかにも地位の高そうな雰囲気を周囲に振りまいている。私は中国人ガイドの周さんと日本人の添乗員と三人で、一つのボックスを占めていた。中国語などわかるはずがない。話は周さんに任せた。二人は笑っていない。真剣に話し合っている。周さんが「スパイでは……」と私に聞いてきた。とんでもない、こんな人の好い、間抜けなスパイがいるものか。日本の常識は世界の非常識の一例だ。私はこれまで世界の百カ国を超えて旅をしてきた。写真を撮ることを禁止された場所、建物は沢山あったが、列車でトラブったことは初めてだ。

だいたい、車両の写真を撮って、何に使おうというのか。毎日走っている列車にどんな秘密があるというのか。そこらあたりの考え方は、全く理解できない。中国という国を誤解するもとになろう。美人を連れて来た列車掛員は何もなかったように改めて三人分のお茶を運んできてくれた。

途中、瓦房点駅で、ＳＬ機関車と石炭の山に会った。瀋陽駅の手前の堰堤には、旧関東軍の鉄道見張り所がまだ残っていた。

終着瀋陽北駅は瀋陽の一つ先の駅で丸くカーブした十二階くらいの大きなビルの一階にある。新しく造った駅で、上部のホテルはまだ未開業のままだ。

さっそく昔の奉天を探しに街に出てみた。たぶん昔からあまり変わっていない瀋陽故宮を訪ねてみる。ここは清の初代皇帝のホンタイチのいた皇居で、北京の故宮の十二分の一の広さだという。瑠璃瓦の美しい建物だ。入場料は中国人五元、外国人十元と外国人は倍になっている。中国より貧しい国から来た人から見ると、すごく高い入場料となる。それにしても中国の貨幣制度はわからない。一般の紙幣は人民元と呼ばれ、中国人民銀行が発行している。外国人が両替すると中国銀行発行の兌換券を出してくる。自国の経済を守るための兌換券だろうが、これが世界で通用するのだろうか。両替した分は全部使い切れということだろうか。これを出して物を買うと釣銭は人民元が返ってきた。私にはこういうシステムに関する知識がないので奇異に思うだけだ。近時ではミャンマーも、この方法をとっていた。

故宮の広場に毛沢東の像が立っていた。高さ十八m。このような高い像はあと広州にあるだけだという。五十六の民族を表す小さな像が毛沢東を取り囲んでいる。「パーローの親分め。でえっきれーだ」元軍人が又呼んだ。彼は普段はめったにしゃべらない人だ。昨日はスターリン、今日は毛沢東に対して罵声を上げた。よほど前線で苦しい目にあったのだろうか。戦っていた時の毛沢東は統率力もあり、尊敬されていたのだろう。しかし、権力の座についてからの彼はお粗末だった。誰が見ても文化大革命でなく文化破壊であった。

旧奉天のヤマトホテルは、白い小さなタイルで全面を飾りたて、モダンにして上品さを漂わせていた。一九一〇（明治四十三）年十月一日、奉天駅開業と同日に開業している。エントランスとレストランは往時のままだという。今は「遼寧賓館」と名を変えている。正面中央玄関から中に入り、中央の階段を二階まで登ってみた。この階段をカイゼル髪をピンと立てた将軍が軍靴の音も高く上下したことだろう。眼の錯覚だろうか、心なしか階段の中央部が減っているようにも見えた。

1－4　旧奉天駅　現瀋陽駅　旧東京駅に似せてある旧奉天の玄関口

従業員は「あ、又日本人の見学者か」と咎めることはしなかった。

　古いままの旧奉天駅（現瀋陽駅）と駅前の赤レンガ街を歩いてみた。駅は東京駅に似せてあるというが、規模はずっと小さい。拍子抜けの瀋陽駅から、夕刻に四本の列車が出発しようとしていた。待合室は力一杯混んでいた。

　夜、開拓団だった安曇野のMさんの話を聞いた。入植した最初は、結構楽しくやっていたようだが、やはり話は終戦の時の逃避行が中心になった。二人の幼子を病気でなくし、故郷に帰ってみると「どうして子供を殺した」と詰め寄られ、家に入れてもらえなかった。しかたなく隣村の親戚の納屋に仮住まいせざるを得なかったという。涙を流しながら語る老人の話を聞く資格が私にあろうかと疑問を持つほど、中味の濃く悲惨なものだっ

1－5　撫順炭鉱　西露天掘
東西6km　南北2km　深さ280m　とにかく、でかい

た。しかし、現在では一町歩の田を耕す大農家になっているということで、私もホッとした。

九月十五日

無煙炭で有名な撫順炭鉱へ行くことになった。行くまでの道はやたらと広く、直線の多い道路だ。道の両側にはポプラの木が規則正しく植えられている。道路を整備し、並木を育てたのは日本人だろうが、後を引き継いだ中国人も手抜きをしていないようだ。

撫順の駅舎もどこかの駅舎を模したものだったろうが、戦後造り変えられたそうだ。表面をレンガで包み、がっちりとした中型の駅舎だ。

西露天掘りに行ってみる。人工的に掘った穴にしてはとてつもなく大きい。東西六㎞、南北二㎞、深さ二百八十m。どうだ、この大きさは。スプレンディド、アンビリーバブル、何とでも感嘆詞がつけられる。とにかく先は霞んでみえないのだ。炭鉱は地下にあるものと思っていたから、こんな噴火口のような炭鉱は想像できなかった。いつから掘り始めたのか、まだ十～十二年は採掘出来るという。穴は段々畑状に深まっている。段々畑に線路が敷かれ、蒸気機関車が、石炭を積んだ小さい貨車を連ねて押したり引いたりして上の段に上がってくる。模型のような貨物列車の動きを見ていると飽きることはない。一日中ここにいたいくらいだ。撫順の石炭、鞍山の鉄などは日本の戦いに相当貢献したことだろう。

この旅行には、周という若くて理知的な男性の中国人のガイドが通して「部隊」を引率していた。そして日替わりに、その土地に詳しいガイドが細かい案内をするという仕組みになっている。今日の担当は韓という女性だ。彼女は「次は『平頂山』です。平頂山受難同胞遺骨館です」と「部隊」を誘導しようとした。旅程表には、確かにここは記載されている。と、どうしたことか旅行社の添乗員が「ここはパスします。皆さん、見るに耐えません」と言い出した。「それはないぜよ」と私は思った。何の為にこの旅行に参加したのか。それは旧日本軍の中で関東軍と呼ばれた中国東北部の特殊の集団が、どのような気違いじみた暴挙を満洲で犯したのか、話には聞いたのだが、それを目で確かめるためやって来たのだ。確かめたいことはいくつかあったが平頂山はその一つだった。

「撫順市博物館」と看板の立つ坂の下まで来てからの提案だ。犬に肉を見せておあずけをして、うしろに隠してしまうようなものだ。私は「いや、行きましょう」と反論したが、「いや、止めましょう。飯が食えなくなりますよ」と添乗員は譲らない。他の隊員はただ黙っているだけだ。あと三百ｍも行けば現場に着くというのに。

「平頂山事件」というのは一九三二（昭和七）年九月十六日、撫順炭鉱が中国人武装集団に襲われて、日本人に死者が出た。集団の襲撃を知っていて、その筋へ知らせなかったのは、平頂山集落の住民がスパイだからだとして、住民を集め、虐殺し、穴に埋めてしまったという事件だった。そのおぞましい姿をそのままにして、手を加えず展示してあるという。

私はどうしても見たかった。この旅行で、平頂山はいくつかあるキーポイントの一つになると思って期待していたのだ。「行きましょう」……しかし私の願いは無視されてしまった。今日は日曜日で、博物館は休館だったが、日本人の団体が来るということで、開館し、説明員も待ってくれているという。「いや、そんなの見たくない」と女性軍が言い出した。むきになって言い立てるとチームの和を乱しかねない。

旅程表に載っている所に、故意に行かないということは、契約違反になるはずだ。私は数多い旅の中で三回程、そういう問題にぶつかったことがあった。見学場所のとり違い、ホテルの等級の低下などで返金してもらったことがあった。考えてみれば、今回は私だけが韓さんと二人だけで訪ねてもよかったのだ。行く予定だったのだから一時間ぐらい皆を待たせても旅程が乱れるはずはなかったのだ。段取りを決めてくれた韓さんの努力は無に帰した。悔しい気分を押し殺し、皆に従うことにしたが、関東軍の悪行の一端をフィルムに納められなかったことは残念だった。

貴重な歴史の証人に会えなかったことにがっかりする間もなく、この旅行で一、二を争う意味のある場所に着いた。「満洲事変」発生の地だ。そこは瀋陽郊外の公営団地のような高層住宅に囲まれた線路端だった。そこにはコンクリートの柱様の物で先が三方に岐れた構造物が横たわっていた。「柳条湖九・一八事変炸弾碑」と呼ばれている。

「満洲事変」の発端、ひいては「満洲国」建設の源でございいと言われても、あまりに素っ気ない記念物だ。演出は何もされず、唯そこにほうってある稚拙さには唖然とした。実際の線路爆破の現場は、ここより北二百ｍの地点で、そこの踏切の一部をここに持ってきたのだという。なぜこの場所が選ばれたかは誰も知らなかった。ここは昔、「柳条溝」と教わったが柳条溝はここより離れた所にあり、「柳条湖」が正しいという。

このモニュメントの横に、日捲りカレンダーの一九三一年九月十八日のページを建物の正面全体で表している記念館が建てられていた。爆風で日捲りが傾いているイメージだそうだ。何とオープンは今月の十八日だという。あと三日先だ。が内部の見学は不可だという。これも残念なことになってしまった。しかし、六十年もたって造るということはどういうことだろう。六十周年記念ということか、当局責任者に聞いてみたいものだ。少しいいかげんな気もしないでもない。現在はこの博物館は「九・一八歴史博物館旧館」となり、この横に一九九九（平成十一）年に新館が建っているという。

「日本軍がやったことはわかっていた」「関東軍が悪い」「石原莞爾の野郎」「満蒙養老部隊」の男たちは皆それぞれにわめき出した。

九月十六日

奉天（現瀋陽）をたって満洲国の首都新京（現長春）に向かう日だ。列車は二〇九列車、直快、瀋陽北九時四〇分発、長春一四時二八分着、途中七カ所に停車して行く。瀋陽から京浴線となる。終点ハルビンには一八時三〇分に着く予定だ。

機関車はおなじみの「東風号」のディーゼル車。列車は十九両編成で最後尾の十九号車が増結された軟座車。「部隊」はそこに乗り込んだ。使い古したような軟座車でお世辞にも素敵といえる車両ではない。手荷物は後部デッキに無造作につみあげられていた。

複線の線路はどこまでも直線を保っている。両側の暴風雪林も線路に沿い一直線だ。時々思いついたように列車が曲がる。すると、また延々と直線は続く。林の中にどこから来たのか家鴨の一群が休んでいる。三十頭くらいの羊を引き連れた若者が列車に手を振っている。高粱とトウモロコシの畑の中にレンガの壁に囲まれたレンガの平屋の農家が時に目にはいるだけで、山脈のようなものもない。満洲は思ったより広い。半端な広さではない。

四平は瀋陽と長春の真中より少し北にある街だ。他の駅では五分の停車だったが四平では八分と一番長く停車する。他の中間駅にはいなかったホームの売り子が四平にはいた。給水、給炭装置が目につく。蒸気機関車は生きている証拠にたまに蒸気を吐き、引っ込み線の上で休んでいる。この機関車が日本製のパシナだったらよかったが、中国製のごついやつだ。私はこの街でうまれたのかと、胸に迫るものがあった。ただ街の記憶など何もない。生後一年ちょっとという貴重な時間をここで過ごしたことは戸籍謄本と四平の写真館で母と一緒に撮った一枚だけの写真が証拠品となるだけだ。

昼食に弁当がでた。食堂車ぐらい使わせてもらいたいものだ。まだ中国の列車で食堂車に座ったことがない。今回も期待できそうもない。茹で卵は塩辛く口に合わない。うまいのはビールとスイカだけだった。

長春一四時二八分、正確に到着。長春の駅は明るい空色をしたモダンなロシア風の建物だ。戦前と変わっていないという。日露戦争で日本が勝利した結果、旅順～長春間の東信鉄道の経営権が日本に渡り、この先へ行くには長春で乗り換えとなった歴史のある駅だ。ハルビンに通しで行けるようになったのは買収の後、改軌を完成させた一九三五（昭和十）年九月一日のことだった。

1－6　旧新京駅　ロシア風の駅舎は昔と変わっていない

長春は、満洲国の首都で新京と呼ばれていた。いよいよ満洲国の心臓部に乗り込んだのだ。何でも見てやろうモードはいよいよ高まってきた。

新京といえば、ラストエンペラー溥儀だ。まずその宮殿に行ってみよう。そこは「偽満皇宮博物館」と名を変えていたが、全部完全に残っていた。皇宮の探索は、まず家族と住んだ内宮（内庁）から始まった。外宮（外庁）は「勤民楼」と呼ばれ、溥儀が政務を執った所だ。玄関入口には“Never Forget 9・18勿忘9・18”と書かれた看板が立っている。「柳条湖事件」（満洲事変）が勃発したのは、一九三一（昭和六）年九月十八日だった。中国にとっての真珠湾だ。こうして仰々しく来訪者に訴えている。中には複製の王座と玉璽が飾ってあった。清の皇帝に復帰するならいざ知らず、満洲国の皇帝を演じなければならなかった溥儀、彼の愛した妻は阿片で廃人同様、どんなモチベーションで生き抜いたのだろうか。この皇宮は完全にプロパガンダ用に、又観光用に機能している。ここでは「満蒙養老部隊」員は何もしゃべらない。ここが侵略国の本拠地だったのだと皆胸に納めたことだろう。気の重い見学のようだった。

旧関東軍司令部は、現在では共産党吉林委員会が入居し、有効利用している。大連の大広場でみたように、似かよった組織が利用しているのが興味を引く。建物は三階建の城郭造りだ。名古屋城か、どこかの城をまねたのだろうか。中庭の松もそれらしく育っているようだ。

ここ長春は、首都新京であったが故に、公官庁が多かった。建物だけを見ていても、新京時代の物件が多く残り、博物館都市と呼んでもいいようだ。やたらと解体することをせず、大学の医学部や諸官庁として利用している。

韓国のように、日本の臭いのしみ込んだ物などぶち壊せ式と違って、路面電車も、建築物にしても、中国人は案外実利的な考えをする民族のようだ。物を大切にし、慈しむ心には改めて感心をする。しかし、政治的には、どうしてこう行き違うのだろうか。アメリカの傘の下にある日本とは言え、あまりに頑な態度には閉口してしまう。アフリカや太平洋諸国に経済援助の甘口で近寄っているようだが、そのうち遠慮され拒絶される国にならなければよいがと、よけいなことだが、心配してしまう。

九月十七日

長春映画製作所へ行ってみた。前身は日本人の作った「満洲映画協会」（略して満映）だった。一九三七（昭和十二）年、満洲国政府と満鉄が折半の出資会社だ。二代目理事長は元憲兵大尉、満洲国の特務機関の責任者の経歴を持つ甘粕正彦だ。映画の目的は満洲人に「日満親善」「五族協和」「王道楽土」の理想を教育するという大目標があった。活躍したのは李香蘭（山口淑子）で、森繁久彌、小暮実千代、芦田伸介など名を連ねていた。終戦後はすべてを残し、中国人に渡したという。

製作所の従業員は現在二千四百人。その子弟の通う小中学校「長英子弟校」を見学することになった。中国式の企業単位の学校だった。体育関係の施設などは充実しているように思えた。

製作所では映画を野外で撮っている最中だった。こうして残された資産も中国人は利ありとみれば、発展させて確実にものにしている。映画の主人公は豆腐屋の娘で、顔に朱をさし、傷の形を造っている。悪役は勿論日本兵で、アルバイトだという。二十人程で空砲を撃っている。「本物はもっとすごいでごわすに」部隊の一人がつぶやいた。劇と実戦とでは異なって当然だろう。

主人公の娘が、我々「満蒙養老部隊」と一緒に写真を撮りたいという。仕事中とはいえ、観光団への心配

1－7　旧国務院（新京）行政の最高機関であった
現　吉林省立白求恩医科大学基礎医学研究所

りをしてくれた。女優と言っても気取っていないのが好ましい。聞くと中国では、俳優、女優、キャビンアテンダントといっても庶民であり、そんなに高い給料ではないという。

新京に住んだ日本人も、終戦までは憩いの場として親しんだであろう南湖公園を散歩し、新京時代の官庁街を抜け、長春の駅に着いた。途中目立ったのは、行政の最高機関であった旧国務院の建物はすべて吉林省立白球恩医科大学に変わっていたことだった。

列車の発車まで時間があったので、長春駅の周辺を歩いてみた。ここも道路の真中に路面電車が走り、道路の両側は露店の列だ。店主は大声を張り上げ、客も何やら叫んでいる。大声を出すのが好きな人達だ。

大通りの四つ角に、四平街と斯大林(スターリン)大街が交差していることを示す街路表示塔が立っている。ここにも懐かしい四平があり、ロシアでは抹殺されたスターリンが生きている。中国ではスターリンは人気があるのだろうか。

長春駅には、昨日と同じ「東方号」の引く二〇九列車、直快、三棵樹行きが入線してきた。途中六カ所に停車をして行く。長春はたった丸一日の滞在だったが充実した時を過ごせた。さらば新京、又いつか会おう。

川と沼の入り混じった湿地のような平原に夕陽は沈んだ。赤い夕陽の満洲を撮ろうと皆カメラを構えたが、期待したようには焼けてくれなかった。

夕方、ハルビンに到着。太陽ビールを寝酒に、一日が終った。大哈爾浜駅は一九八八(昭和六十三)年に改築された。旧駅舎は絵葉書でみると、新駅よりずっと趣はあった。新駅は情緒とかの問題でなく、実用本位というような四角い箱の駅舎だ。余計な装飾など必要ないことは時代の要請だろう。

九月十八日

1－8　哈爾浜キタイスカヤ　ロシア建築がそのまま残っている哈爾浜の銀座街

心踊る気分でキタイスカヤを歩いてみた。ハルビンといえば、キタイスカヤと松花江がすぐ思い浮かぶ。ハルビンは一八九八（明治三十一）年にロシアが東清鉄道建設の基地として造った街で、その中心の繁華街としてキタイスカヤ（現中央大街）は設計された。大きい地震、災害がなかったため、一世紀以上、今のように建築物が残った。全くロシアンスタイルだ。ロシア式銀座通りが、松花江に向かって千二百m、一直線に続いているのだ。モスクワのアルバート街より数段洗練されている。売っている物も長春より明らかにハイクラス、下手すれば上海を上回るかもしれない。柳を中心とした街路樹も雰囲気を醸し出している。ウインドウショッピングをすることになった。現地の女性たちも、心なしか垢ぬけている。皆おしゃれだ。ストリートチルドレンや不良少年らしき輩は目にはいらない。まして歩道に寝ている奴なんかはいない。掃除のおばさんは、ごみを捨てる不届き者を見つけて罰金を徴収している。私はタバコを吸うが、吸い殻を捨てると五角、火のついたままだと二元の罰金をとられるという。反対側の歩道には警察官がのんびりと歩いて行く。通りは平穏なはずだ。

国際連盟の委託で満洲の調査に来たリットン一行の泊まったモデルンホテルもこの通りにあった。リットンは「満洲事変」から「満洲建国」までの過程を克明に調べあげ、侵略に他ならぬ状態であると報告書を提出した（一九三二（昭和七）年十月）。それを受け苦渋の決断をもって日本は国際連盟を脱退してしまう（一九三三（昭和八）年三月）。孤立した日本は、その後中国大陸の奥地まで戦線を拡大してしまったのは周知のとおりだ。

ハルビンは国際都市と呼ばれる。経済的活動の方も活発のようだ。ハルビンは「東洋の小パリ」「東洋のモスクワ」とも呼ばれて愛されている街だ。

1－9　松花江鉄橋　列車と人が通る

松花江のほとりに出て、長い鉄橋の下まで観光船で往復してみた。この川はアムール川（黒竜江）に合流し、樺太の間宮海峡に流れ下っている。川の中洲にある太陽島に渡ってみると、ここは昔からのリゾート地で、現役を引退した優雅な人々の暮らす楽園だった。

東北三省随一の御洒落街にして博物館街を引き返し、ホテルに帰った。ハルビンは「七三一部隊」の活動した街だが、それについては何もふれてくれなかった。これも今回不満な点であった。満洲最後の夜ということで、ロシア料理の打ち上げとなった。食べる物より太陽ビール、それよりウォッカを私は優先したことは言うまでもない。

九月十九日～二十一日

北京に飛び、天壇、故宮、天安門広場などを歩き二十日には八達嶺の万里の長城、居庸関を訪ね北京に帰り着いた。そして「満蒙養老部隊」は一人の落伍者もなく長野に帰り着いた。

最後の三日間は、満洲にあまり関係ないので省略しよう。ただ日中戦争の発端、盧溝橋だけは行っておきたかった。これは団体旅行での融通が利かない点だから仕方ない。

世話になったガイドの周さんはハルビン出身で、事務所もハルビンにある。これから二日かけて帰るのだという。ご苦労なことだ。

ツアーの添乗員に、募集中にどんな声があったか聞いてみた。「行ったら虐待される。怖い」「悪いことをしたからな」「あんなことをした所ゆきたくない」「苦労して引き上げてきた所に二度と行きたくない」等ネガティブな声が多かったという。しかし、インバウンドとして中国人は日本へどんどんやって来る。好きなものを爆買いして帰って行く。旅に行って戦勝国だ、敗戦国だ、侵略した、されたとか言って議論する人などいない。金を出してまで苦労を思い出したくないということだろうか。旅に出たら楽しんでくれればいいだけのことだ。

戦争とは計画し、仕かける為政者が悪いのであって個人にその責任はないはず。極東国際軍事裁判をみればわかる。被告は軍部や政界の重鎮ばかりではないか。国民は苦しめられ馬鹿を見るだけだ。私は満洲に行って声高く「此処はお国を何百里、離れて遠き満洲の……」と歌ってみた。驚きびっくりしたのは日本人、「へー、そんな歌あったんだ」と珍しがって眺めていたのは中国人。「まずい、止めろ」と言ったのは日本人。歌を止めた中国人は一人もいなかった。世の中、こんなものかもしれない。いつまでも恨んでいられるなら、フランス人とドイツ人を始め、ヨーロッパ中の人種は互いに未来永劫、睨み合わなければならなくなる。

中国の東北三省の主要都市を巡り、実にアバウトだが「満洲」という幻の国の輪郭が摑めたような気がした。柳条湖の記念物を見、偽満洲国の宮殿をみた。繁栄したであろう当時の首都新京も歩いた。私は開拓もしなかったし戦場にも立っていない。しかし毎晩、開拓の話、兵士の日常の行動などを聞かせてもらえた。「満蒙養老部隊」員は私以外、何かを満洲でしてきた人たちばかりだった。貴重な人たちと意義ある旅をしたものだ。

この旅は、彼らには亡くなった同士への、あるいは戦友への、はた又、傷つけた中国人へのレクイエムだったのかもしれない。

満洲　1991（平成３）年９月12日〜21日

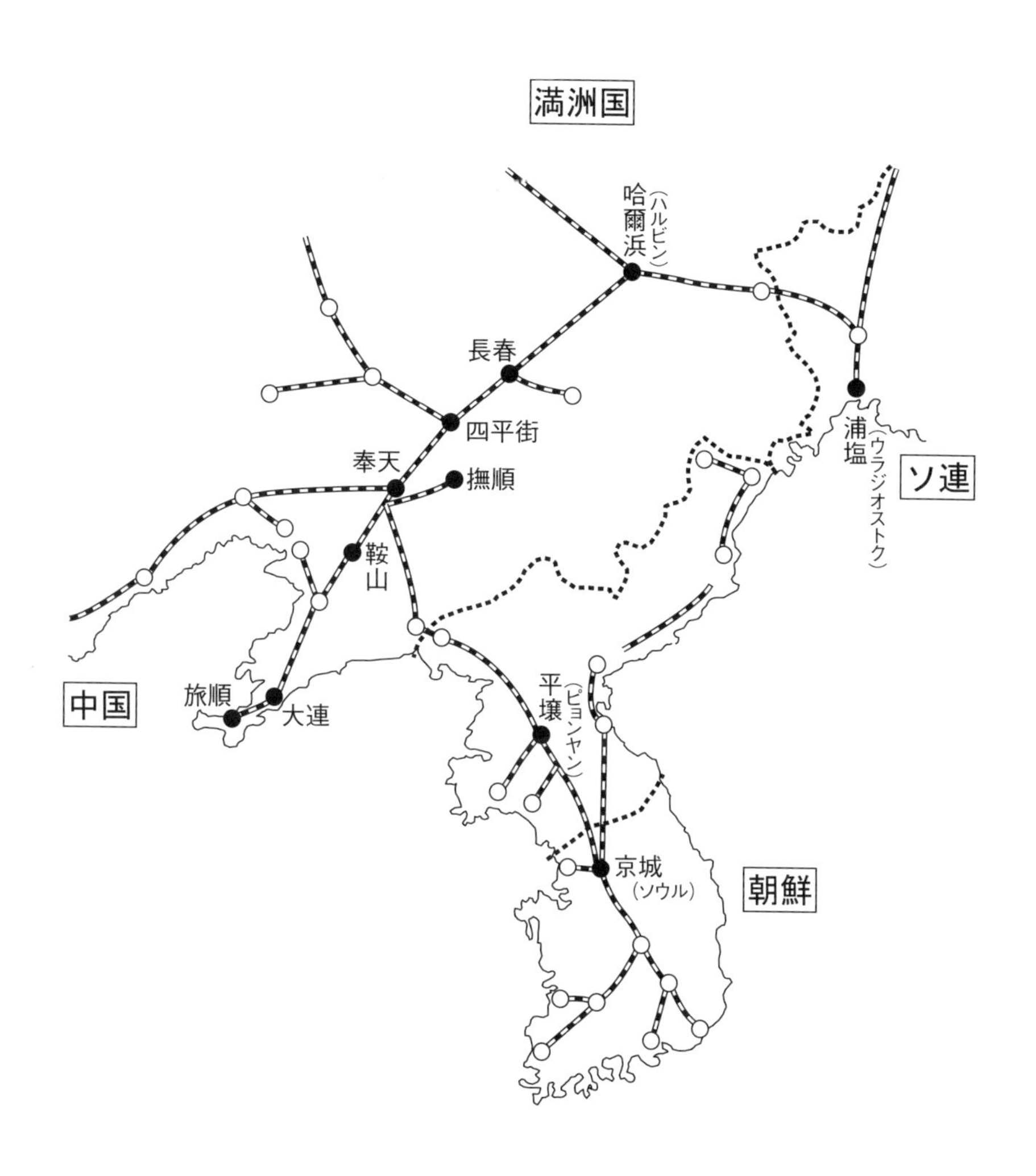

パプアニューギニア独立国

第二章

ラバウル

二〇〇二（平成十四）年
五月二十九日～三十一日

ラバウル　シンプソン湾
左　タブルブル火山（花吹山）　右　バルカン山（西吹山）

ラバウル基地のできるまで

「さらばラバウルよ…」と軍歌に唄われたラバウルはパプアニューギニア（以下略してPNG）の東北部のニューブリテン島の最東端にある街だ。PNGは日本より五千㎞南にあり、熱帯雨林に覆われた大きな島ニューギニア島の東半分と多くの島々からなる国で、国土は四十七・三万㎢（日本の約一・五倍）である。〝ジャワの極楽、ビルマの地獄、生きて帰れぬニューギニア〟と言われ、連合軍との戦いは激しいものだった。二十万人もの兵力を投入し、十八万八千人も死んだというから、生きて帰れぬと言われたのも仕方無い。

ラバウルはどのように発展したのだろうか。ちょっと歴史をみてみよう。日本は第一次世界大戦で、連合国側として参戦した。国際連盟が成立した時、日本は常任理事国となった。そして南洋諸島の統治を国連から委任された。

時は少し先に進むが、日本軍はトラック諸島のチューク（夏島）にカロリン諸島の中心的基地を作り始めた〔一九三九（昭和十四）年〕。トラックに近いところで、深い海のあるPNGのニューブリテン島のラバウルとニューアイルランド島のカビエンが重要な連携プレイの出来る拠点であるとみなされていた。特に第四艦隊司令官の井上成美海軍中将は、真珠湾攻撃の始まる前からラバウル攻略の必要性を訴えていた。

一九四二（昭和十七）年の一月中旬頃より、海軍の南洋部隊（指揮官井上成美）は南雲機動部隊（指揮官南雲忠一）の支援を受け、第一九戦隊（司令官志摩清英海軍中将）にラバウル攻略を命じた。攻略の主力は陸軍の南海支隊（指揮官堀井富太郎陸軍少将）であった。一九四二（昭和十七）年一月二十三日、陸軍の南海支隊と海軍陸戦隊の攻撃により、オーストラリア軍は降伏し、ラバウルとカビエンは陥落した。

ラバウルには水深の深い港があり、航空基地も整備され、トラック泊地と連携でき、アメリカ、オーストラリアの連絡遮断を可能にした。

一九四二（昭和十七）年三～四月頃、ラバウルは一番充実した基地となった。

ぐるっとラバウル

私は今までにPNGに四回飛んでいる。二度目訪問が今回のラバウル行きが中心の旅となった。一度目はマウントハーゲンのシンシンショーの見学だった。三度目は次章のガダルカナル島を中心とした戦跡巡りの経由地、四度目はニューギニア島の西半分を占めるインドネシアのイリアンジャヤへ裸族を訪ねた時にも経由した。従ってPNGは首都ポートモレスビーを中心にたくさんの街を訪問している。今回はラバウルを中心とした戦いの跡を巡ろうという主旨なので、充分期待できそうだ。ラバウル訪問の一行は十人（男八人、女二人）の団体だった。

二〇〇二（平成十四）年五月二十九日

飛行機はPNGのラエからニューブリテン島のホスキンズ経由で、トクア空港に着いた。ここら辺をココポと呼ぶ。バスですぐの所に戦争博物館があった。

「あるわ、あるわ」などと軽くあしらってはいけないような雰囲気だ。実戦で使った物ばかりなの

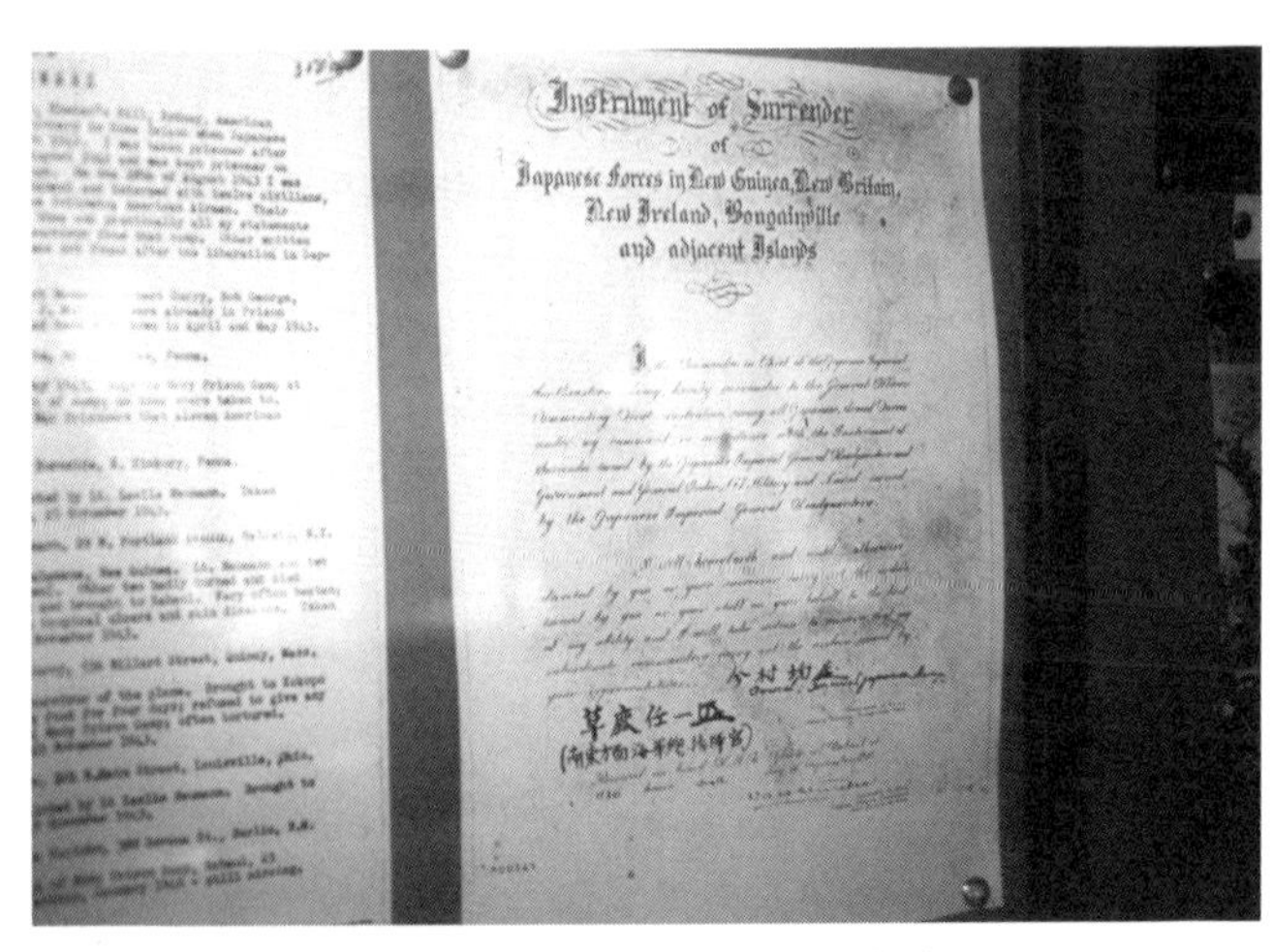

2－1　今村均大将　草鹿庄一南東方面海軍総支揮官
二人の署名に降伏文書

だ。ジャンル別に複数個ずつ並べてある。よく集めてくれたものだ。目につくのはやはりゼロ戦だ。零式艦上戦闘機は係員に聞くと、館内の部品を集めてくっつけると七〇％までは復元できるという。正面にでんと構え、存在感は抜群だ。油の染みが機体に張り付き、模様になっている。誰が搭乗したのか、どこで不時着したのか（墜落ではないと思う）、余計なことを考えてしまう。アメリカの飛行機で形のある物は一機もない。片手落ちだ。魚雷の集団、大砲の群れ、いろいろな探照燈の集まり、飛行機のエンジンとよく集めたものだ。

珍しいものでは、五号無線機とか、Water Distiller（海水より、真水を作る装置）、今も機能している羅針盤などが陳列してある。

そしてありました、聖将、人情大将と呼ばれた今村均大将と草鹿庄一南東方面海軍総指揮官、二人の署名した降伏文書が。鋲で留めてある。大本営に目玉をくらっても、自分がよしとする信念を押し通した今村均。どんな気持ちでサインをしたのだろうか。

ソロモン諸島、ＰＮＧあたりで、この博物館が一番充実しているといわれている。有名都市の博物館のようにプロの学芸員がいるわけではない。できれば、もう一歩つっこんで正確にして的確な内容の説明板が欲しかった。いずれにしても、今後、散逸、劣化に対策を練り、末永く展示を続けて欲しいものだ。

ところで、漫画家の水木しげるは、ここココポに駐留していたことがあったそうだ。ラバウルを舞台にした『総員玉砕せよ』の漫画はなかなか示唆に富み、「玉砕」について考えさせられた。

一行を乗せたバスは、海岸の博物館から山に登り、トーマの旧陸軍司令部跡に着いた。第六十五旅団がいた所だという。直径三cmのボルト八本で止めた高射砲の台の跡がある。芝生がきれいに刈られている。誰かが手入れをしているのだ。

そこからブナカナウの西飛行場跡に行ってみる。滑走路と言われる所には、二本のタイヤの跡が白く細い道になって奥に続いている。その道以外は背丈以上もある草が茂り、せっかくの景観を遮っている。

西飛行場はバスの中から見るだけにしてマルマルアン展望所という所に出た。山の稜線を走ったが、海は見えず、ここに来て初めて展望が開けた。中央高地と呼ぶだけあって海がよく見える。ラバウルの海だ。碧いというのはこういう色をいうのだろう。ガゼル半島の先端部に高い山から母山（六百八十八ｍ）、南の娘山（四百七十五ｍ）、タブルブル火山（旧名花吹山）の三峰が真近に見える。タブルブル火山からは白い水蒸気かガスが盛んに上っている。活火山だ。活発過ぎる山のことは後で知ることになる。目の前の海はブランチ湾、その先はシンプソン湾と呼ばれている。

2－2　マルマルアン展望所　海軍防空隊の指揮所があった
大砲他いろいろな物が無秩序に並んでいる

ここには海軍防空隊の指揮所があったため、いろいろな施設が残っている。地下壕への入口が何カ所もある。空襲時に地下に潜ったのだろう。高射砲の台座がいくつか残っており、大砲、石碑、飛行機のプロペラなどが無秩序に並んでいる。高所なので米軍に狙われ易かっただろう。防禦ばかりでなく攻撃もできるよう工夫したあとがみえる。

麓の広場で休んでいると、集まること、集まること、人が寄ってきてたちまちミニバザールが開かれた。ＰＮＧには週に一便飛行機が成田から着く。その全員がラバウルに来るわけでないから、日本人は珍しい部類に入ろう。終戦まで現地人と日本人とは仲良く暮らしていたのだろう、当然対日感情は良いはずだ。集まってきたのは女性と子供だけだったが、隣人に話すように親しみを込めて話しながら近寄ってくる。子供もおばあちゃんも黒光りする肌は健康的で目と歯だけが白い。上半身裸の子供たちは、日本人を囲む輪が小さくならないように押し競饅頭で押し返している。言葉はピジンイングリッシュかモリ語が多いというが、七百～八百の部族が住み、部族毎に言葉が違うというから何語を話しているか、さっぱりわからない。日本語とムニャムニャ語のやりとりも"How much ?""Ten dollars"の場のみ理解できるが、あとはニヤニヤするしかない。

海岸のメインの道路の脇に、「南山崎の大発格納庫」と呼ばれる横穴がある。そこに五隻の大型発動艇が格納されているという。「見たい。見よう」と皆で洞穴に潜り込んだ。これはアメリカでいえば上陸用舟艇。一般に「大発」と呼ばれている。一九二八（昭和三）年、陸軍中将までなった陸軍の田尻昌次船舶班長と市原健蔵技師が広島の宇品で造り出した船で、海岸部で物資、兵員の輸送に使用したものだ。兵なら一度に七十人位運べるというすぐれたものだ。全長十四・八m、六十馬力ディーゼルエンジンを搭載し、八～九ノット（十四～十六㎞／h）で走るという。聞いたことはあっても見たことのない「大発」に一行は「へー」「フーン」と感心しながら撫でたり乗ったり、写真を撮ったりしている。五隻が縦に格納されているというから、かなり穴はふかいことになる。電灯など無いから三隻目くらいまで辿って行くと真っ暗になる。皆、ここら辺までと断念し引き上げた。現

2－3　バージ・トンネル　洞窟の中に収納された大発動艇　５隻あるという　物資・人員輸送に活躍

地では「バージ・トンネル」と呼ばれている。

今晩の泊まりはハママスホテルだ。

五月三十日
朝散歩して驚いた。ホテルのほんの二十m程先より南側には道路に灰がたまっている。周辺は廃屋ばかりだ。ホテルの女主人に聞くと、これは一九九四（平成六）年九月十九日に始ったタブルブル火山の大噴火の仕業だという。一カ月以上灰を降らせ、街の半分を壊滅させ、翌年の一月になってやっと納まったという。ひどい災害で、ホテルも覚悟したという。グレーダーで道路の灰を寄せている。きれいになるのは、まだ先のことだろう。

ホテルから近いところに、一九八〇（昭和五十五）年に建てられた「南太平洋戦没者慰霊碑」があった。∠字型の大きな碑は、なくなった兵士が上から降りてきて、下の平面で生きている戦友・家族に会うというコンセプトだという。かなり背の高い構造物だ。

団体の中の女性二名は姉妹で、父親はここラバウルで亡くなったという。姉に頼まれて碑をバックに二人の女性と手に下げたプラモデルの二機のゼロ戦を撮ってあげた。姉の両眼からは涙が力一杯流れ落ちていた。そう、父はここにいるのだ。

記念碑より南へ三㎞ほど行った先に、昔の東飛行場がある。滑走路の半分には草が生え、地面に亀裂が走っている。今では半分がラクナイ空港と呼ばれ小さな飛行機が離着陸をしているようだ。ここからトラック島やガダルカナル島に向かって戦闘機が飛び立ったのだ。山本五十六はラバウルからブーゲンビル島に向かった時、待ち伏せしていたアメリカの戦闘機によって撃墜され、戦死し

2－4　タブルブル火山の大噴火のため破壊された建築物　1994年９月より95年１月まで噴火が続いたという

2－5　ラバウルの平和記念碑　1980年建立

2－6　旧東飛行場　煙をはくタブルブル火山（花吹山）
後方 South daughter（南の娘山）　海はマトピット湾（松島湾）

てしまった〔一九四三（昭和十八）年四月十八日〕。航空戦力の充実に尽力し、連合艦隊司令長官として山本は真珠湾奇襲攻撃を軍司令部の反対を押し切り実行に移した。真珠湾の以前に、近衛文磨首相に日米戦争になった場合の海軍の見込みを問われ、「それは是非やれと言われれば、初めの半年か一年の間は随分暴れて御覧に入れます。然しながら二年三年となれば全く確信は持てません」と答えている。しかし、実際は日本の持続力について「一年半しか持たない」と考えていたようなふしもあった。戦後井上成美は山本を惜しみ、批判もしている。「何故山本さんは、海軍は対米戦争はやれません、やれば負けます。それで長官の資格が無いと言われるなら私は辞めます。どうしてそう言い切らなかったか」。そして戦争は山本五十六の危惧した通りに惨めな結末へと向かって行ってしまった。

暗号をすべて解読されているのを承知で、ブーゲンビル島へ向かったのは、死を覚悟していたのではないかとの推測もできる。

私は山本五十六ほど、聡明で実行力があり、外国、特にアメリカを理解していた人物はいなかったと思っている。彼は次官も連合艦隊司令長官も経験していた。海軍大臣などというケチな地位でなく、総理大臣になっていたら、日本は異なった方向に進んでいたことだろう。

当時、ラバウルは、東・西・南・トベラと四つの飛行場があった。先に西飛行場に行き、今東にいる。この東飛行場からの景観は格別なものだ。濃いブルーの海に浮かぶように見えるタブルブル火山。そのうしろが南の娘山、左の高いのは母山。今回の旅で、この三山を一番近くで見えるのが東飛行場跡だ。タブルブル火山は今も噴煙を噴き上げ続けている。最初の噴火は一八七八（明治十一）年とのこと。山肌の白い筋は連続した硫黄の結晶だという。高い山の谷筋の残雪に似ている。麓には温泉が沸いているそうだ。この降灰のためこの平地には草が生えにくいようだ。

東飛行場の近くにありました、飛行機の残骸が。椰子園の中に。これは三菱の一式陸上攻撃機だとガイドがいう。又陸軍のキ－四六－一〇〇式司令部偵察機だという人もいる。一式陸攻は二千四百三十五機も生産され、昭和十四年より活躍した陸上攻撃機だ。林の中に疎開していたのか、不時着したのかわからないが、掩体壕のような土盛りの上に乗り上げている。機首を突き上げているが、胴体の中央部から後部はない。一体どうしたのであろう。他にエンジンの一部、数機の機体の一部が集められている。空襲にあったものをここに持ってきたのか、ここで空襲に遭ったのか、それは不明だ。ゼロ戦より一回り大きいので迫力がある。

また、あの姉妹が手にしたプラモデルのゼロ戦を飛ばし写真を撮りあっている。今度は笑っていた。父親は飛行機乗りではなかったのだろう。一帯は火山灰がきれいに除かれ、周辺の草も短く刈

2－7　Admiral Yamamoto Bunker　（山本長官の掩蔽壕）
海軍指令部として使用

られていた。誰が手入れしているのだろう。ありがたいことだ。

　ラバウルの中心部に戻ってきた。そこに、海軍の巨大なカマボコハウスのような構造物があった。屋根には藁のような草が一面に乗せてある。〝Admiral Yamamoto Bunker〟と英語の案内板が立っていた。山本長官も何度かここに来たことだろうから、間違った名前でもなさそうだ。壁も屋根もやたらと厚いコンクリート造りで頑丈そうだ。爆弾の直撃にも耐えられただろう。部屋は五～六室あり、通風が悪く蒸し暑い。

　内部の壁にニューブリテン島とラバウルの地図が書いてある。又、慰霊団の名前もみえる。そんな所に書いていいのかな？「RP方面味方識別（一八・一〇・二〇・）」「オリヂス信号灯・二？　信号」などと理解不能の書き残しもある。字のない所は白い漆喰で塗りつぶされていた。一説にはブーゲンビルに飛ぶ前夜、山本長官はここに泊まったとも言われている。機関銃が横の庭に据え付けられていたが、これは後に置いたものだろう。

ホテルの女将は「何でもヤマモトと名前がつけば売れるからね」と笑っていた。

海岸に向かうとバルカン山（旧西吹山）が近くになってきた。海底火山が陸と繋がってしまった火山で、今は煙を吹いていない。全山灰色で草は一本も生えていない。

その近くに小さな港がある。ここに「小牧桟橋」と呼ばれる桟橋がある。日本の輸送船「小牧丸」が襲撃され港に座礁してしまった。当時のまま、使える船首の部分を土、セメントで固め、桟橋として利用している。究極の廃物利用だ。うまいこと船首が浜辺に突っ込んだものだ。道と甲板が同じ高さになっている。

半島の最北端タブイ岬に潜水艦への補給基地があるというので行ってみた。錆びた鉄の杭が洞窟の前に幾本か立っている。橋か桟橋の支柱だったという。明らかに人の手が加わったものだ。洞窟は四つあり、高さ、幅共に二ｍくらい、奥行きは二十ｍくらいだ。奥で繋がっている。誰かが「回天」の基地ではないかと言っていたが、「回天」の乗組員だった人に聞いたところ、ラバウルに「回天」が進出したことは無いと言っていた。

海はビスマルク海、珊瑚のかけらが、浜に散らばっている。銛を持った少年が、突いた熱帯魚のような色華やかな魚の入った籠を披露してくれた。しばらくシャッターの音がうるさかった。

シンプソン湾を一望できる山の上にある火山地震研究所を訪ねてみた。アメリカ製の十五台の機械で、二十四時間続けて地震の観測をしているとのこと。ここからのパノラマは素晴らしい。左にタブルブル火山、湾をはさんで右にバルカン山と両山が向き合っている姿は、箱庭を見下ろしているような気分だ。南海の海は濃い青で、その深さを教えてくれている。太陽は照りつけるが、風の

2-8　小牧桟橋　輸送船「小牧丸」が座礁　桟橋として利用している

2-9　潜水艦の補給基地　鉄の杭が残っている　洞窟は四つある

強さで暑さを感じない。熱帯で経験できる贅沢だ。

ラバウルが空襲を受けたのは一九四三（昭和十八）年十一月のことだった。米軍は、あまりに強固になっていたラバウル基地にはその予想される損害の大きさを勘案し、兵は上陸させない方針をとった。その後は、マリアナ・ペリリュー・硫黄島・沖縄へ兵を進め、強烈な戦いを要求してきた。一連の「飛び石作戦」で選ばれた戦場は、緒戦で日本が攻め込み占領した時の逆で、すべて日本の負け戦の連続だった。大きな戦いで勝利し、立場を良くしてから和平に持ち込むどころか、屈辱的な「ポツダム宣言」の受諾という結果になってしまった。ラバウルも飛び石をくらって他の基地と同様、制海権も制空権も奪われ、終戦までの間、周辺の島との連絡は取れなくなり、すべての補給は止まってしまった。兵士は地元兵と協力し、野菜を作り終戦を待った。

一九四五（昭和二十）年八月十五日、日本が降伏したとき、ラバウルには六万九千人の兵士が残留していたという。ＰＮＧ本島とニューブリテン島のラバウルとでは全て戦況が異なっていた。生きて帰れぬラバウルではなかったのだ。

道路沿いで沢山の穴があけられた山があった。その名もずばりトンネル山と呼ばれ、物資の保管所となり、退避のための壕の役も果たしたことであろう。ラバウル全体でトンネルの長さは五百㎞以上あったという。信じられない距離だ。こうしてトンネルを掘って戦った戦場は、ペリリュー島・硫黄島・沖縄があった。しかし、ラバウル以外は惨めな結果となってしまった。

ラバウル最後の夜のハママスホテルの食事は豪華なものだった。庭でのパーティーだ。名前のわからない大きな魚が焼かれて出てきた。特にこれはうまい。エビ、イカの揚げたては最高。ビールに合う。

一緒に行動したグループと別に一人の若者が混じっていた。パイロットだという。まだ小さい飛行機しか乗れないので、大型機の免許を狙っているという。ＰＮＧの遠距離往来は飛行機の独壇場らしい。道路も造らないうちに急いで独立してしまったので、島内の交通はひどく不便だそうだ。村々には小さな飛行機が降りられる広場が必ずあり、緊急の際などには大活躍のようだ。草の広場は滑りやすく、三日に一度はオーバーランをし、土手に突っ込む。それを皆で引き上げる。その処理をうまくやるのが田舎パイロットの腕だという。道がよくなれば、彼はどこかの国に行かねばならなくなる。だから、どこでも通用する上級機の免許が欲しいと言っていた。

庭の食事に花を添えてくれたのは元村長の娘とその友人たちだった。十人程の若奥様方が、我々のために踊って歌ってくれた。メリードレス（ワンピースの上着）にラプラプ（巻きスカート）を身につけ、頭には花の冠。軍歌「ラバウル小唄」には皆笑って泣いた。歌詞が五番まであることを初めて知った。

山本五十六が強引に推進した真珠湾攻撃を永野修身軍令部総長が「あまりに投機的で成功の確算が立たない」とあくまで反対していたら、あのトラトラトラはなかった。もしそうであったら日本軍は、中国大陸と、東南アジアに固執し、あれ程太平洋には進出しなかったろう。ラバウルは軍事基地でなかったかもしれない。南洋の委任統治も悪魔のささやき以外の何物でもなかったか？

山本五十六は自分の思う通りに事を運んだが、日本の行く末は絶望あるのみと悟り、自分の命を投げ出し、日本国に、又海軍に暗示をかけたのではないだろうか。彼の力量、人となりからして置かれる場所、使われる時を理解する人はいなかったのだ。アメリカ側では、日本の軍隊の中で、誰が真の敵なのかが、わかっていた。だから狙われたのだ。惜しい人材をなくしたものだ。生きていた最後の地が、ここラバウルだったと思うと、もう少し長く滞在したかった。

日本兵がラバウルで活躍したのは三年半ほど。それを二泊三日で見てまわろうというのは無理があった。しかし、ラバウルの人の心の中には、あの戦争と日本人の記憶は長く残り続けることだろう。

ラバウル

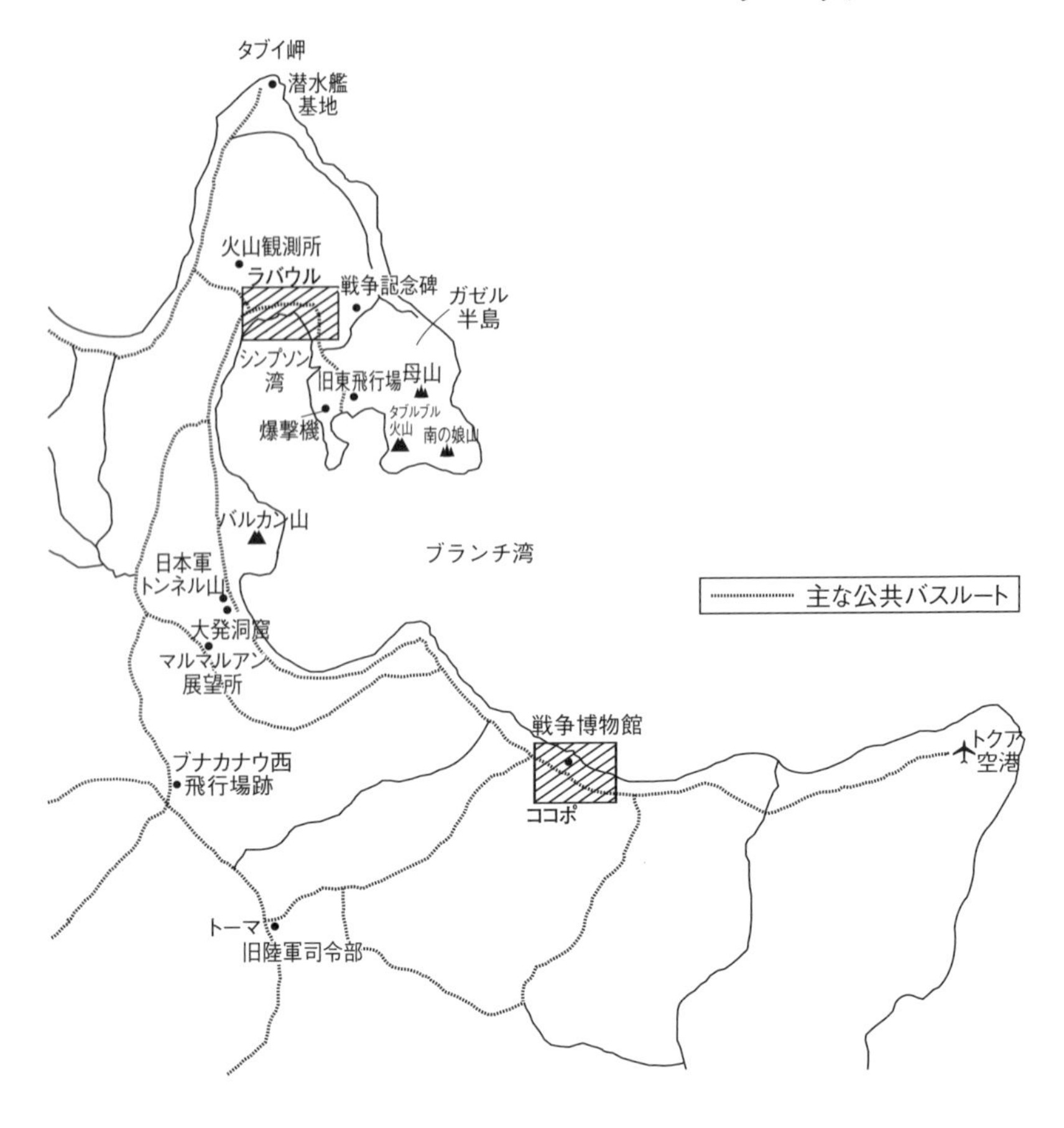

ニューブリテン島

ソロモン諸島

第三章　ガダルカナル島及び周辺

二〇〇四（平成十六）年

二月二十一日～二十八日

ソロモン諸島　ニュージョージア島

沈んだ輸送船　近辺の人は「カシマル」と言っていた

ソロモンの戦い

日清・日露戦争から沖縄の戦いまで総浚いしてみて、どうしてこう無謀にして無責任な作戦をたてたのかと思う戦いがいくつかある。

日本の大本営には、陸軍なら陸軍士官学校、陸軍大学校を優秀な成績で卒業し、長い将官生活を経た人々が集っていたはずである。海軍も又しかりだ。戦争のプロに文句をつけるわけではないが、あまりに浅はかな作戦を強いた例がある。一体誰が最終決断を下したのだろう。そして誰がどう責任をとったのだろう。関係者は戦後、どんな気持で生き続けたのだろう。

その作戦とは、「インパール作戦」と「ガダルカナル島（以下略してガ島）攻防戦」が相当しよう。

インパール作戦は、明らかに実行するべきではなかった。兵站の準備は不十分、進路も時期も悪く、ただ司令官の自己満足を満たすだけのものだった。制止する上官はいなかったのか。

兵士の命の消耗を何と軽く考えたことか。天皇の兵隊を不用意に命の危機に晒していいものだろうか。結果は白骨街道だった。しかし、この作戦中に、あまりにひどい司令官に逆らい、隊員の損失を最小にくい止め、引き上げた師団長がいたのは称讃に価しよう。評判の悪い司令官を替えられなかったのか。予備役として排除する方法はなかったものか。しかし、こういう所にも派閥とか、えこひいきとかがあったりして納得のいかない形ができ上っていたのだろう。

そしてもう一つはガ島の戦いだろう。アメリカとオーストラリアを分断するという大きな目標のための戦いだった。ならば、目標に向かい、研究し、人的にも物的にも周到な用意をするべきだったろう。計画的な戦略がなっていなかった。日露戦争では、バルチック艦隊の航路を徹底して調べた。北海を出航し、対馬海峡で出会うまで、正確に調べあげ海戦の勝利を得た。ガ島の戦いについては順次書いてゆくが、あまりに情報がなさすぎた。ろくな守備隊も用意せず、鍬とシャベルでのんびり飛行場を造る行動をアメリカ軍は見逃してはくれなかった。

大本営参謀の情勢分析能力はいかほどだったのか。陸軍の上層部にガダルカナルがどこにあるかわからない輩もいたという。上陸する部隊の長に一枚の地図も渡せなかったという。そんな戦いに勝てるはずがない。戦いが終わってもアメリカ兵がどのくらい上陸したかも不明。相手の戦力も把握できていない。甘く考え、次々と兵を惜しみながら注ぎ込んでも、そのたび失敗した。兵站を重視する傾向もなく、兵士の携行食品は七日分のみで、後は他力本願だった。

一方アメリカは、米豪の分断を阻止し、ラバウル攻略も容易にし、日本反撃の橋頭堡がガ島だった。充分な補給ルートを確保し、マラリアの病人は野戦病院へ送り、マラリアの治療薬で対応したという。その意気込みを日本軍は感じていなかった。

総力戦だというのに、日本では輸送船を揃えるにも四苦八苦していた。その頃、日本軍は太平洋上で半径八百㎞の円を描き、マリアナ、カロリン、ラバウルと進出していた。ラバウルからガ島は最適な日本軍の目標となっていた。海軍の第二段作戦としての「米豪遮断作戦」の杭としてもガ島はぴったりの役だった。なぜ八百㎞かというと、当時の零式艦上戦闘機の航続距離が二千㎞であった。八百kmの距離なら敵を攻撃して帰還できるからで、ガ島はネットワークに組み込まれていた。

一九四二（昭和十七）年七月六日、飛行場設営隊約二千五百人がガ島に上陸し、ルンガ飛行場を造り始めた。護衛は二百五十人の海軍陸戦隊だった。目的を改めて列記すると、ソロモン海、ソロモン諸島の制空権・制海権を握ること、ラバウル基地の安全を守ること、米豪の分断であった。

しかし、一九四二年八月七日午前四時、アメリカ第一一海兵師団（師団長アレキサンダー・ヴァンデクリフ）がオーストラリア軍の支援を受け、一万九百人がテナル川東岸に上陸した。

海上では、次の日八月八日から、すぐ第一次ソロモン海戦が始まった。三川軍一中将率いる第八艦隊は圧倒的な戦術で勝ちを治めた。米軍の巡洋艦六隻中四隻を撃沈、一隻大破という結果だった。しかし十km先にいた輸送船団には手をつけず、戦略的には勝利を失った。「輸送船団殲滅」の命令違反に山本五十六連合艦隊司令長官は激怒したという。一方日本の輸送船団は撃破されてしまった。この状態を海軍航空隊は誤認報道し、大本営はアメリカ軍を撃退したと誤解したようだ。そのため、敵を一掃する好機を失し、アメリカ軍に充分な戦力を貯えさせてしまった。後のガ島攻防で大苦戦を招くことになってしまった。実はアメリカ側からみると、これが本格的な反攻作戦の第一弾だったのだ。

ルンガ飛行場は、アメリカの重機により二〜三日で完成した。ルンガからヘンダーソンと名前は変わっていた。

日本陸軍は八月十八日、飛行場から三十km先のタイポ岬へ一木支隊の先陣九百人を送り込んだ。無血上陸だった。一木支隊の隊長は一木清直大佐で、旭川出身の部隊だ。勇猛果敢で名を上げ、盧溝橋では先陣を切ったという。連合軍は二千人だという大本営の情報を信じ、八月二十日、夜八時から飛行場奪還の戦いに挑んだ。実際にはアメリカ兵一万九百人を日本兵九百人で迎えた。人数の差と、武器の質の違いで、一木支隊は二十一日までに潰滅状態となってしまった。一木大佐も二十一日の戦闘で戦死したと思われたが、不明のままだった。歯向える相手ではなかった。この時点でも、満足な地図はなかった。

八月二十三日、ガ島付近で、敵機動部隊出限の報告があった。これに対峙するため、第二次ソロモン海戦が始まった（八月二十三日～二十四日）。トラック島の機動部隊第三艦隊が出動し、空母「翔鶴」「瑞鶴」の攻撃機は善戦し、米軍の空母「エンタープライズ」「サラトガ」に損傷を与えた。日本側は空母「竜驤」を失った。しかし米軍はヘンダーソン飛行場に大量の航空機を送り込むことに成功した。

この海戦以後、海軍は夜間に駆逐艦による鼠輸送と陸軍の大発動艇による島伝いの蟻輸送に頼ることになり、輸送量は激減してしまった。

九月七日までに、三千百人の川口支隊と一木支隊の第二梯団が共にガ島に上陸した。南方戦線では連勝続きだった川口清健少将率いる一二四連隊を中心とした支隊は福岡の兵が多かった。川口支隊が上陸した時、一木先遣隊の生き残り兵が、痩せ衰えヨボヨボになり、食い物を乞いに来た。米を与えると、生でかじって食べたという。次々に上陸する兵はいつもこうした飢餓の兵に迎えられたという。

川口支隊も満足なガ島の地図一枚も無かった。飛行場の裏から攻めるため、ジャングルの中に道を作った。九月十二日の攻撃は各部隊バラバラに攻めたので大失敗。二手に分かれて十三日〜十四日に行った総攻撃も混戦のうちに日本軍は敗走した。死者は七百人以上だった。以後ガ島の兵站線はいよいよ細くなり、食糧、弾薬の補給は不足し、「飢餓」の様相を呈してきた。

九月十七日、陸軍参謀総長、杉山元大将は昭和天皇にガ島の戦いについて奏した。

以後、様々な攻撃を仕掛けたが、すべて計画通りには行かなかった。一方米軍はヘンダーソン空港とは別に、戦闘用の滑走路を他にも完成させ、そちらも稼働していた。

十月十三日、栗田健男中将を司令官とする第二次挺身攻撃隊を中心とする艦砲射撃、第二師団の兵站輸送も共に計画通りに実行されず、不満足な結果となってしまった。

十月十五日、アメリカ太平洋艦隊司令長官ニミッツは、南太平洋軍司令官のロバート・ゴームレー海軍中将を更迭し、代わりに、ウィリアム・ハルゼー海軍中将を起用し、ガ島の守備、攻撃をより積極的なものとした。

同日、ニューカレドニアのヌーメアからアメリカ師団の一個連隊をガ島に送り込むことに成功している。ムカデ高地の陣地を補強し、ジャングルに敷設した集音器の数を増やし、ジャングルの中の日本軍を管制し、又射撃し易いよう体制を整えた。

十月二十三日〜二十六日、百武晴吉中将率いる第十七軍より第二師団が、飛行場の奪還を目的に総攻撃をかけた。辻政信中佐も作戦指導に参加した。重装備もなく、部隊間の連絡も途切れがちで、消耗した日本軍はアメリカ海兵隊（二万三千人）の反撃に遭い、失敗に終わった。情報は乱れ「飛行場を占領した」との怪情報も飛んだが、実際は三千人も戦死者を出した完全な負け戦だった。

十月二十六日、海上では、連合艦隊が、陸軍第十七軍を援助するため近藤信竹中将指揮下の第二艦隊（第三戦隊、第二航空戦隊）及び南雲忠一中将指揮下の第三艦隊（第一航空戦隊）を派遣した。この海戦を「南太平洋海戦」と呼ぶが、日本側は多数の飛行機と搭乗員を失った。しかし日本側も善戦し、アメリカの空母一隻沈没、一隻中破の損害を与え、アメリカ太平洋艦隊には一時、空母がなくなるという状態になった。

アメリカはガ島の情勢に相当な危機感を持った。ドイツの反攻作戦のために大量の兵力、兵器を必要としていたが、ルーズベルト大統領は十月二十四日、統合参謀本部に「入手可能なあらゆる兵器を、ガ島保持のために、その地域に確実に送れ」と命令した。

十月二十六日、第二師団参謀が、ガ島奪回は不可能との旨を辻政信参謀に報告し、作戦は中止となってしまった。

海上では、第三次ソロモン海戦が発生した（十一月十二日～十五日）。この海戦で戦艦は二隻沈められた。頼みの輸送船は十一隻のうち、六隻は沈められ一隻は戦線離脱した。十五日、四隻がボネギビーチの浜に乗り上げた。その結果、陸揚げできたのは、兵士二千人、重火器なし、弾薬二百六十箱、米千五百俵（十四日分の食糧）だけだった。米軍はみごとガ島の防衛に成功した。

ボネギビーチでは、現在も乗り上げた四隻の輸送船のうち「鬼怒川丸」の姿を見ることができる。この近辺の少年達は鬼怒川丸の海上に出ている煙突の周りでカヌー遊びをしている。この辺をアイアン・ボトム・サウンド（鉄の沈んだ海峡）と呼び、沈没船が多く、潜水して眺めることができる。沈没船を観光資源としているのは、ソロモン・パラオ・ヤップ・ミクロネシアなどだが、た

3－1　ボネギビーチの輸送船「鬼怒川丸」の残骸

ぶんもっと多いことだろう。考えてみれば、もとは日本軍の戦艦だったり、徴用された商船なのだ。この船の中に遺骨もあることだろう。名誉ある日本の軍艦のみじめな姿が見世物になり、骨と共に晒されていると思うと、悲しく思う。どんな法律で縛れるか不明だが、国として何らかの規制はかけられないものだろうか。

十一月十二日、ガ島より帰った大本営陸軍部の作戦課長服部卓四郎は、東條英機首相兼陸軍大臣にガ島の現状を報告した。

十一月十六日、第八方面司令官今村均中将は天皇に拝謁し、ガ島の状況をお伝えした。ガ島への日本軍の兵力投入は三万を越えたが、マラリアと飢餓で、戦闘可能な兵員は八千人程度だと言われていた。

十一月十六日、ニューギニア戦線では連合軍がブナに侵攻した。日本軍は救援策を検討したが、ガ島の戦いを優先するため無視され一月に玉砕してしまった。

十一月十九日、米軍の南太平洋軍司令官ウィリアムス・ハルゼー中将が日本軍を撃退したという功績で海軍六人目の大将に昇進した。

日本軍は兵士も食糧も島に送ることはできなくなっていた。三カ月の間に十数隻の駆逐艦が沈められ、潜水艦による細々とした輸送しかできなくなってしまっていた。

東條首相は、十六万五千ｔの船舶がガ島には必要であるという現地の要望に半分も応えなかった。東條首相は、もともとこの方面の作戦には反対であったことと、投入した船団が、ことごとく全滅状態になっていたことを危惧していた。要求をのむと南方からの資源輸送、他の島への物資輸送が滞り、戦時経済そのものに悪影響を与える要因になると考えた。ルーズベルト大統領とは雲泥の差だ。そしてこれが国力の差でもあったのだ。

十二月十三日、御前会議で「継続しての戦争は不可能」としてガ島からの撤退が決まった。一九四三（昭和十八）年二月一日から七日にかけて、陸海軍協力の元、ガ島撤収作戦（ケ号作戦）が実行された。予想外に撤収は成功した。

ガ島上陸兵員三万千四百四人。うち撤退できたのは約一万人。直接戦闘での死者は約五千人、残りの約一万五千人は餓死、戦病死だったと推定される。

二月九日、大本営発表。「ソロモン諸島のガダルカナル島に作戦中の部隊は、昨年八月以降、引き続き上陸せる優勢なる敵軍を同島の一角に圧迫し、激戦敢闘克く敵戦力を撃摧（ゲキサイ）しつつありしが、その目的を達成せるにより、二月上旬同島を撤し、他に転進せしめられたり」。しかし、これは大嘘だった。同時にパプアニューギニアのブナからの転進の発表もあったがブナ守備隊は、すでに一月に玉砕しているのだ。撤退は「転進」と報道された。撤退した将兵はそのまま南方に留め置かれた。

当時から陸軍の報道班の手記や新聞記事から、ガ島の悲惨さはだいたい国民に知れ渡っていた。退避・撤退と正直に言えない軍のメンツがあったのだろう。

撤退作戦に参加した海軍輸送部隊司令官は、現場の様子をこう語っていた。「撤退するのが難しい傷病兵の多くは、捕虜になることを防ぐため、手榴弾で自決させた。動けない者は戦友の手で手榴弾、銃、銃剣などを使って葬った」と。

余談だが、アメリカで戦後に刊行されたグラフ雑誌「ライフ」に、捕虜となった日本兵の傷病者を戦車の前に並ばせて轢き殺す様子の写真が掲載されたという。本当だろうか。これこそ犯罪で狂気の沙汰だ。

ソロモン、駆け巡り

そんなおぞましい過去のある島に行ける日が来た。戦跡をめぐり慰霊するのが目的とはっきり銘うったツアーの募集があった。こういうエキセントリックな旅に友達を誘うわけにはいかない。成田に行ってみれば、話の合う人に出会えるだろう。集まった人は十五人だった。

「ガダルカナルへ？　今回一緒させてもらう石原です。坊主です。よろしく」むこうから名のり、チョビ髭のおじさんが挨拶にやってきた。滋賀県在住、浄土真宗の僧侶だという。昔の戦地を廻り、先輩らの罪を許してもらえるよう願い、訪れているのだそうだ。彼は〝日本は侵略をした派〟らしい。「これは気持ちの問題でもあるが、軍のやったことは明らかに押し込みだったからねー」と微妙な問題をきっぱりと言い切る。気に入った。この人と行動を一緒にとろう。

二〇〇四（平成十六）年二月二十一日、飛行機はまずPNGのポートモレスビーに行き、そこでソロモン行きに乗り換える。ポートモレスビーには夜中の六時間のフライトだったが、オーストラリアへ行くという大学生の団体のおかげで機内は夜中ずっと騒がしかった。オーストラリアへは直行便がいくらでもある。わざわざエアニューギニに二度乗れるからという理由だけで、この便を選んだそうだ。暇人には負けてしまう。

二月二十二日朝、ポートモレスビー到着。街をゆっくり見て廻る。ポートモレスビーも先の戦いには大いに関係していた。ポートモレスビーに駐屯していたオーストラリア軍とアメリカ軍との連撃プレイを断とうと日本軍はパプアニューギニアに上陸した。

以前にも来たパガヒルに登る。戦争にからめて眺めると、前回とは異なったものが見えてくるから不思議だ。この丘にオーストラリア軍が陣を張ったので、塹壕、トンネルがたくさん有り、今も人が住んだり倉庫として利用している。眼の前の湾にはオーストラリアの輸送船が沈んでいる。海上の黒い点は船の煙突らしい。ガイドによって見えてくるものがちがってくるから不思議だ。

遠くの山はオーエンスタンレー山脈だ。戦時中、日本軍が島の東北部、ソロモン海側から島を横断し、山脈を越えてポートモレスビーに迫ったことがあった。その作戦は失敗に終わったが、その歩いた跡がココダトレイルと名付けられ、今ではトレッキングコースとして開放されている。

二月二十三日、PNGのジャクソン空港から、エアニューギニのフォッカーはソロモン諸島のヘンダーソン空港に二時間ほどで着いた。形だけの機内食が出た。これでも外国航路なのだ。

ここはSolomon Islands. ソロモン諸島という立派な国家なのだ。人口四十二万人、首都はホニアラ、ここの人口は二万人。ピジンイングリッシュか、英語を話すという。
ヘンダーソン空港に着くと、「ここが、リンガ飛行場でごわすい」と大きな声を出し、一行の先頭に立った男がいた。なんとガ島戦の生き残りだという。奥さん同伴で来ていた。坊さんは「チェッ」と横を向いてしまった。こういう人がいると全体の行動が乱れることがある。なるべく添乗員をたて、ガイド中心にしないとまずい。久しぶりの懐かしさに、自分の見た範囲で話をされたらたまらない。彼の話は夜に聞けばいい。坊さんもそう思っているなとすぐわかった。

空港にはオーストラリアの軍隊が仮設テントを張って駐屯していた。オーストラリアといえば、すぐアメリカを連想するが、こういった南の島国に、現在では中国の資金援助・開発の手が伸び、首長にとりいっているらしい。新聞には毎日のようにやれアメリカ派が勝った、中国派に政府が変わったと載っている。そうして内紛をしているうちに、いつか基地化し、利用されていくのだろう。平和な弱小国の未来は決して明るくはない。

ホニアラから第二の街ギゾに向かう飛行機が遅れるというのでルンガ川を見に行く。小さな島なのでたいした川ではないだろうと思っていたが、水量は多く、川幅も広かった。そうか、ここは熱帯なのだ。スコールのせいで大きい川になるはずだ。この川を挟んで日米の激しい銃撃戦があったのだ。海軍一三設営隊に属していたという彼は興奮してしゃべりまくっている。添乗員は口を挟まず彼について行く。ガイドもでる幕ではない。こういう状態が私にとっては一番まずい。一応この場所の説明を聞いてから騒いでほしいものだ。坊さんは我関せずという顔で遅れてついて来る。

ホニアラからギゾに向かう。ソロモン航空はツインオッターだ。マレーシアのルムーミリ間もツインオッターだった。短い航路によく使われている機種のようだ。途中は、珊瑚礁のリーフの上を飛ぶ。高度は三百ｍ、海が眼下に広がる。真っ青な海に白い波が時には丸く、場所によっては一列に連なっている。珊瑚礁のおかげで、絵になるような造形だ。これだから南洋の海は楽しい。ただその迫力も汚れた窓ガラスのために霞んで見えたのが実におしかった。

3－2　ルンガ川　川を挟み日米の銃撃戦が激しく行われた

飛行機のおばさん（？）は制服こそ身につけているが、素足にサンダルをひっかけ、最後尾の席で眠りっぱなしで何もしない。こんなＣＡがどこにいるものか。そう、ソロモンにいた。

ヌサトゥペ島には一時間二十五分で着いた。Air Strip と呼ばれる広場に着陸した。Air Strip とは戦時非常時の臨時滑走路のことだ。毎日使う臨時滑走路というのもおかしいが、砂を撒いただけの広場だ。

十五分走った所にホニアラの次に大きな街ギゾはある。ホテルに荷を解き、ホテルの入口に広がる魚と野菜、果物の市場を見て歩く。大好きな市場見学だ。市場を見れば、その国の台所が理解できる。買う人より売り手の方がずっと多い。

3－3　ギゾの魚市場　熱帯魚らしく色は鮮やか

魚はあたりまえだが、全部熱帯魚だ。生かして水族館で泳がせたいようなものばかり。結構大きく、中型の鯖くらいのが多く、色は赤・青・縞々、顔はすんなりした奴・つぶれた顔、いろいろだ。売り子は肌は黒いが、健康的で笑うとかわいい娘が多い。看板娘の条件は熱帯でも同じだ。蝿追い（はえ）の木の枝で時々魚の上を掃いている。乾く前に水をかける。捕れたての魚は匂いがしない。海の無い県に暮らしている私は、どうしても魚の方に興味がいってしまう。大きいので八ＳＩドル（百四十四円）だという。安い。ここの通貨はソロモン・アイランド・ドル（ＳＩドル）で一ＳＩドルは十八円くらいだ（二〇〇四年二月時点）。四十二万人のために独自の通貨があるのは立派なことだ。

野菜の売り子は陽を避け、日陰で客を待っている。こちらは中年女性が多く、ねころんでいる人もいる。ソロモンではビルム（毛糸で編んだ袋、ＰＮＧには多い）より、バナナの大きな青い葉で編んだ籠を多く使用している。太いタピオカ、青いバナナの房、その間に海葡萄の粒々が山になっている。煙草は手巻きもメーカー品も、一本単位で売っている。小銭がなくて買えなくて残念だ。ここにもビートルナッツはある。これは各国、各所で添加物が違ったりしておもしろい。ソロモンではマスタードの代わりにオボジャという葉を加え筒の中で潰す方法で、ＰＮＧとはちょっと違っている。

二〇〇七（平成十九）年四月二日、ソロモン沖地震で被害に遭った教会は森の中にあった。キリスト教徒が多いのだ。

ギゾ島で一番高級といわれている、ギゾホテルに宿泊。夕食のロブスターには味がなかった。夕食後のダンスタイムはキリバスの踊りとか言っていたが、踊り子たちが楽しんでいただけで、こちらは少しの感動も興奮も湧かなかった。部屋にテレビはなく、シャワーがあるだけ。でも電気とシャワーが一日中使えるというのでほっとする。嘘だろう（？）というような名の付いたケネディアイランドまでカヤックで一時間半の旅などと説明している冊子を読んでいるうち、いつのまにか寝入ってしまった。

二月二十四日

朝から蒸し暑い。今日はいろいろな島を巡り、ニュージョージア島のムンダに向かう。なかなか戦いの跡は顔を出してくれそうにない。二艘の小舟に分かれて島めぐりに出発。

まず最初はワントゥリー島。サイクロンのおかげで、島の木はなくなっていて、ノートゥリー島になっていた。ナルという島に上陸。島の半分は砂の浜、半分はジャングル。砂浜には無数の水鳥がいたが、我々が近づくと一羽残らず飛び去ってしまった。水鳥のサンクチュアリーだ。ケネディアイランドに寄ってみる。正しい名はプラム・プディング島という。アメリカの大統領になったジョン・Ｆ・ケネディの乗ったＰＴ一〇九　魚雷艇が日本の駆逐艦「天霧」に衝突し、ＰＴ一〇九は

3－4　ケネディアイランド　正しくはPlum Pudding island
ジョン・F・ケネディの乗っていたPT109魚雷艇の遭難時の様子を説明したパネル

一晩中漂流し、漂着したのがこの島だった。遭難の様子が、島の中にパネルで展示してある。本当の話か、ちょっと疑ってしまう。

　ケネディ島で泳ぐ。海で泳ぐのは久しぶりだ。一行で一番若いのは私。次に若い彼も裸になった。しかし、この泳ぎが悪かった。途中、もう一度泳いだだけだったが、背中と膝が赤く膨れ上り、触れられないほど痛むようになってしまった。日本で医者に行くと「これは見事。一枚写真を」と言われるほど、きれいに焼けてしまった。熱帯の太陽からもらったとんでもないお土産だ。

　ラル島に寄り、トイレ休憩。久しぶりの桟橋だ。奥に一戸建のロッジがある。こんな処に泊まり、ダイビングか釣でもしてみたい。人の姿は一人もない。喉の友にと持参したウイスキーをいただく。

　頭蓋骨の島、スカル島に寄る。砂浜のない島へ上陸する時には岸に舟を寄せ、深さが三十cmくらいの所で海に入り、岸まで水中を歩く。従ってゴム草履は必需品だ。ここの頭蓋骨は、戦争とは関係なく、一九二〇（大正九）年から一九二五（大正十四）年頃の、この地方の首長のものだという。洗骨したあとでここに並べてある。他の体骨は頭蓋骨の下方に埋めてあるそうだ。首長を称える塚の周りには守る人の骨があり、貝の貨幣も添えられている。頭蓋骨の飾られている島は他にもあり、貝の貨幣を使っている島もあるという。

3－5　スカル島　昔の首長の頭蓋骨を飾っている

こういう幸せの島に日本軍もアメリカ軍も踏み込み勝手に戦いをし合った。島民にとっては何の利益にもならず、良い迷惑だったろう。戦争中アメリカ軍は島民をコースト・ウオッチャーという監視員に仕立て、処々に配置し、日本軍の行動を逐一報告させ、より適格な攻撃を可能にしたという。こうして住民を利用する方法は、日本軍も東南アジアではあった。住民がどちらに味方するのか、それは今までの長い間の諸々の要素で決まったことだろう。ガ島は昔からオーストラリア寄り、すなわちアメリカに肩入れするのは当然だろう。日本軍はこういった細かい点に気を廻せただろうか。地図もない戦いではそんな余裕もなかったことだろう。

今日の宿は、ニュージョージア島ムンダだ。夕食で食べれたのは胡瓜の漬物だけだった。どうして魚のうまい物を供するという気になれないのだろうか。日本人にはスシというものがあり、魚を生で食べている。魚を食するには長けた国民だくらいの学習はしてもらわないと、観光客を喜ばせることはできない。食べる物に閉口した国は、モンゴル、イランだったが、ソロモンもこの仲間に入ったようだ。貧しい夕食は坊さんの持って来たカップラーメンで充足した。

今日も、ケネディ以外軍事関係には出会えなかった。

二月二十五日

朝、少し風が強く気持ちが良い。今日からは戦いの跡が見られそうだ。昔、アルンデル島と呼んだコヒンゴという島に上陸した。マングローブに囲まれた島で、八百五十人ほど人が住んでいるというが、誰にも出会わない。舟を砂地に乗り上げて十分程歩くと、戦車が現れた。この旅で初めて目にする戦争関連品の出現だ。ガイドによると一九四二(昭和十七)年後半に放棄されたアメリカのものだという。「戦車の種類は?」聞いても答はない。元設営隊員もだまっているだけだ。大きな戦車ではない。キャタピラーに滑り止めにしたらしいゴムが巻かれている。四人乗りだというが少し狭く感じた。こんなのが先頭になり、五~六人の兵士を引き連れ、日本兵に向かって行ったのだ。迎える日本兵の武器は、貧弱なものだったろう。手榴弾でもうまくほうり込んだのか。戦車を放棄するということは、小さいながら壮絶な戦いがあったのだろうと想像される。「これこれ」私は大袈裟に目線を戦車に向け、坊さんを呼んだ。「うむ」とつぶやき、彼は頭をたれ、手を合せた。超短い慰霊祭だ。

横の大きなコロンバンガラ島へ移る。ここら一帯の地主のサミュエルさんが、一族をひきつれ、我々を迎えてくれた。周辺のガイドをしてくれるという。ガ島が一番の激戦地だったが、ここら辺もかなり激しいやりとりがあったようだ。山砲がころがっていたり、横穴がたくさん掘られている。一番近い穴は食糧品庫とのことで、高さ一・五m、幅一m、奥行き十mくらいある。入口周辺にはビール瓶、酒類の瓶のかけらが散らばっている。あれだけ飢餓に苦しんだというのに、どうして酒はあったのだろう。酒は皆平等に飲めたのだろうか。ペリリュー島の洞窟の中にも、島民の集めた私設博物館にも、酒の瓶はあった。酒、煙草、女は別物だったのだろうか。

3－6　コヒンゴ島の米軍戦車　1942年後半に放棄されたものだという

大きな穴の入口も六十年もたつと風雨でふさがってくる。からだがやっと入るくらいの穴に、私の臨時秘書になったようなサミュエルさんの娘オキアが入れ入れとしきりに勧める。"Hospital, Hospital" と叫んでいる。「え、病院？」。だまされたつもりで私も含め三人の男が、はいつくばり、手足をドロドロにして穴に挑戦した。私はカメラが土に触れない様、細心の注意を払うので、とんでもない不自然な姿勢になる。生きた心地のしないまま、ずり下って行く。やっと広い部屋に出た。部屋の大きさは五×十m、高さ二mだ。先に入った二人が懐中電燈で部屋を照らしてくれた。先の二人は見てはいけないものを見てしまったという状態で固まっていた。「病院」。一人がやっと声を出して教えてくれた。野戦病院なのだ。光を当てて部屋をぐるりと見てみる。身震いがしてきた。枠だけになったベッドの残骸が立てかけてある。その手前の板の上に汚れた瓶が並んでいる。大きいのが十本、小さいのも十本くらいある。薬品の入っていたものだろう。その横に医療器具がいくつか乗っている。すべて錆びている。負傷したら、ここに運び込まれたのだろう。連れて来られれば尚更悪化しそうな雰囲気だ。医薬品はあったのだろうか。食糧品は？　この地下壕は、あの世への待合室だったのだろう。移動時の際、歩けない兵は、この中でか、あるいはこの近くで自決したのだろう。憐憫の情が限りなく湧いてきた。

海辺でツナサンドの昼食となった。サミュエルさんは一人に一個ずつココナツの実をふるまってくれた。ガ島の英霊を想いながらのサンドイッチはすごく贅沢に思えた。

ニュージョージア島へ移る。この海辺には何門かの大砲が並んでいる。「エノガポイントの大砲群」と呼ばれている。まず最初は直径二十cmはあろうかと思われる砲身の長い砲だ。土台は少し波に洗われているが、八本の足で立っている。次はキャノン砲が、ジャングルの中から筒を海に向けている。次も直径二十cmはあるだろう大きな砲だ。四十km遠方に弾丸は飛ぶというが信じられない。下部にある角度を示す目盛は、今でもはっきり読める。こうした砲の周囲は、皆きれいに草が刈られている。誰が管理しているのだろうか。ある砲の横には、上半身裸の男が立っていた。何をしていたんだろう。

突然スコールになった。屋根の無い舟なので、避難しなければならない。気温は下がり、膝に当たる雨が冷たく感じる。ニュージョージア島のパエロコという村の民家にお世話になる。水道のない村なので、天からの水を集める装置の一式が実物で見学できた。

海峡の一番狭まった所に日本と合弁の漁業会社がある。鮪を捕り、ツナの缶詰を作っているようだ。昔は日本人の経営する工場で「ソロモン太平洋工業」と呼んでいた。今は「ソルタイ」と名を変えている。すごく不快な臭いをふりまいている。もう少しなんとかならないものだろうか。

3－7　ニュージョージア島　エノガポイントの大砲群の一つ

近くに沈んだ輸送船があるというので寄ってみた。マストが四十五度に傾いている。付近の人は「カシマル」という名の船だという。乗組員は全員助かったそうだ。

ムンダに帰って来た。警察官が、御機嫌で我々を迎えてくれた。スコールは夜もやって来た。日焼けはいよいよ派手になり、痛くなってきた。こんな夜は誰かと話でもしてみようと、ただ一人の女性参加者に都合を問うと、喜んでということで、ビールを飲みながら、明日になる時間まで語り合った。彼女もかなり世界を廻っているようだった。デジカメとビデオ両方を駆使しメモを取っている。すばらしく楽しい旅をしているようだ。今回に関しては、過去の事件の割にはインパクトのない毎日だという。私もその件には納得した。しかしなにより驚いたことは、彼女は、癌に取り付かれているということだ。レベル四だというからかなりなものだ。宮崎でパソコンを教える仕事をしているということで、とにかく詳しい。独身で、旅を愛し、コンピューターを友として、来る時は来ると観念している彼女は六十代だが美しい人だと思った。この日から二年程して彼女は天国に旅立ってしまった。海に散骨してもらったのも彼女らしかった。そして遺族からダンボール三箱分の遺品が私に送られてきた。私は自己満足ではあるが博物館としてのスペースを持っているので、大切に寄贈品は展示している。

二月二十六日

よく晴れた。首都ホニアラへ帰る日だ。ソロモン航空の飛行機が遅れるという知らせがあった。それならムンダの戦没慰霊碑に参ろうということになった。宿所から歩いて五分の所に碑はあった。

白い二枚のコンクリートの板をもたせ合わせたような形をした碑だ。石原さんは袈裟を着てお坊様になっていた。一九八四（昭和五十九）年八月十五日の建立だという。お坊様は経を唱え始めた。皆卒直に首を下げた。

小さな田舎の学校の校庭くらいの飛行場に飛行機はやってきた。又、ツインオッターだ。遅れたので経由はなくなり、ホニアラへ直行するようだ。ムンダからの乗客は我々だけなので貸切となった。パイロットは、スラッとした体形でサングラスをかけ、制服を上手に着こなした若い女性だ。〝ナイス〟と思わず声をかけたくなるような人だ。

3－8　ムンダの戦争慰霊碑　1984年8月15日建立

ホニアラのホテルは、日本の北野建設がオーナーのキタノメンダナホテルだ。ホテルの前は海、ボコナ湾と呼ぶ。ここらも"Iron Bottom Sound"の一部で船がたくさん沈んでいるようだ。大きな海戦だけで四つもあったので、相当沈んでいるはずだ。

昼食をホテルでとり、軽くホニアラの市場を散歩する。ソルタイのツナ缶がある。葉でくるんだ椰子蟹、大きな二枚貝、長いワラビのような羊歯…たいして珍しい物はない。

アリゲータークリークビーチへ行ってみる。ここが戦いの起点。米軍が一九四二（昭和十七）年八月七日、ここへ無血上陸をした。波の音が静かに規則正しく聞こえる広い砂浜だ。ここに米軍が上陸しなかったら、いや日本軍が飛行場を造らなかったら…。たった半年で二万近くの兵士の命が消えなくてもよかったのだ。平均して一日に百人以上の兵士が死んでゆく。こんなことがあっていいことか。

テナム川にも行ってみた。一木支隊はここで苦戦したのだ。正確な地図を持たずに、ただ行けと命令されただけで上陸をした。一木支隊はミッドウェーに上陸する予

3－9　一木支隊鎮魂碑　一木大佐無念の碑である

定だった。上陸不可能となったので口封じのためグアムに送られ待機させられていた。そして最終的に送られたのは、兵力一つとってみても段違いの戦場だった。アメリカとの差が十倍もあったことを日本の誰もが知らなかった。貧乏籤もいいところだ。

一木支隊の鎮魂碑は広い公園の中央にあった。芝生はきれいに揃えられている。旭川の勇者もここに眠っていたのだ。石原さんが先頭に立ち、祈りの儀式をしたのはいうまでもない。

バスでオーステン山（標高四百十ｍ）に向かい、途中にある「ソロモン平和慰霊公園の祈念碑」にお参りをする。旅行社が花束を用意していた。これがあの惨めにソロモン諸島で戦ったすべての人を慰霊する総本山なのだ。大きな建造物だ。ここから見渡すと西の方の霞んだ先がエスペランス岬だ。引き揚げの船はあの岬で待ち、岬にさえ到達できれば生の扉を開けられたのだ。山の麓には恨みのヘンダーソン飛行場が見える。何度攻めても落ちなかった飛行場だ。

石原住職は、あたりを睥睨し、これがメインだとばかりに、威厳をもって声をはり上げ経を始めた。長かった。彼が経を止めるまで、皆頭を上げなかった。

ボネギビーチには、輸送船鬼怒川丸の残骸があった。第三次ソロモン海戦〔一九四二（昭和十七）年十一月十二日〜十五日〕で輸送船四隻が擱座してしまった。長い間四隻のうち、広川丸も海上に煙突を出していたが、いつの間にか消失し、鬼怒川丸の煙突だけが残った。近所の若者が、まわりでカヌー遊びをしていた。

3-10　川口支隊の鎮魂碑　ムカデ高地にあったものをホニアラに移したという

ムカデ高地にあった川口支隊の鎮魂碑は、ホニアラの平地に移され、再建されたという。川口支隊は一木支隊のあとを継いだが、好ましい結果は残せなかった。地図もなく、鶴嘴、スコップ、鋸で、緑の砂漠といわれるジャングルの中に飛行場への道を作った。アメリカは、密林開発にも滑走路整備にも大型建設機械を使った。スピードは大事なことで、空港の取り合いは、即制空権にひびいてくる。そんなスピードを持つ米軍に、少ない人員で、貧弱な武器をひっさげて向かう日本軍に勝ち目はなかった。一木支隊も川口支隊も相手にされず退けられてしまったのだ。

川口支隊の鎮魂碑も結構な広さの地にある。そこには連合軍の慰霊碑も同居していた。そのむこうに白く塗られた大砲があった。石の台座の上に乗っている。「九六式十五糎榴弾砲昭和十五年製」と砲身に彫り込んである。

夜の食事は日本食だった。滋賀の坊さんは、私ともう一人、宮崎の女性を左右に侍らせ、大いに語った。日本酒と地ビールの Sol Brew をしこたま飲んだ。石原さんは、私のメモをとる態度、宮崎の女性のメモとビデオの二刀流が気に入ったという。飲んで、笑って、話して気がつくと、又明日になっていた。

二月二十七日
ソロモン最後の日だ。

ヘンダーソン空港に行くと〝HENDERSON FLELD〟と題したブロンズの碑に出会った。この碑によると、ソロモンの戦争は、一九四二年八月七日から四三年二月九日となっていた。

エアニューギニの Fokker は二時間半でPNGのジャクソン空港に着いた。明日の成田のフライトまでは二十三時間もある。もっとソロモンでゆっくりしたかった。

二月二十八日
ポートモレスビーのクラフトマーケット見学に行ってみる。そこでキラキラ村（本当の名前かは不明）の少女たちが、シンシンの踊りを見せてくれるというので特等席で見学することにした。かわいい十代の少女たちがはにかみながら、しかし大胆に乳房を揃って揺らす光景は見ていて飽きない。日本のPNG大使がお伴を連れてこのシンシンショーをビデオに撮っている。平和とはいいものだ。

それにしても、大事な時に、日米の首長の考え方には相違がありすぎた。結論はそれだというわけではないが、ルーズベルト大統領と東條英機首相とでは、あまりに勝負へのこだわりに差異が有りすぎた。ルーズベルト大統領は、ガ島の状況が芳しくなくなった時、ヨーロッパ戦線も大切だが、ガ島への全力投球を第一に命じた。小さな綻びでも素早く力を込めて修理の利くうちに直してしまう。しかし東條首相は初戦からつまづいた。ガ島に抜本的な対策を講ずることなく、機会があっても手を加えず、病状を悪化させてしまった。そして半年のうちに二万人もの犠牲者を出してしまった。

3-11　パプアニューギニア　ポートモレスビー
少女によるシンシンショー

何度も言うが、総力戦と言われる近代戦。日本には総力（＝国力）も無ければ、それを統率する人物もいなかったということだろう。

米軍はアメリカ、オーストラリアの連結を重視し、次にラバウル、日本本土を攻撃することを考えていた。そして、陸・海・空軍の組織的統合による共同作戦で攻撃力を集中させた。

一方、日本の大本営にはガダルカナルを知らない参謀もあり、当初は陸海軍の首脳は米軍の侵攻を偵察程度に考えていた。

日本海軍は、米艦隊を叩くことを最優先し、物資を届けるための船舶の護衛という発想に欠けていた。兵は増強されず、島の兵は食糧もなく、疲弊するのみだった。

そんな兵士が、米軍の近代兵器に向かって白兵戦を仕掛けても勝てるわけがなかった。

こうして陸軍が陸戦で初めて敗れた戦いは終ったのである。

ガダルカナル島及び周辺　2004（平成16）年　2月21日～28日

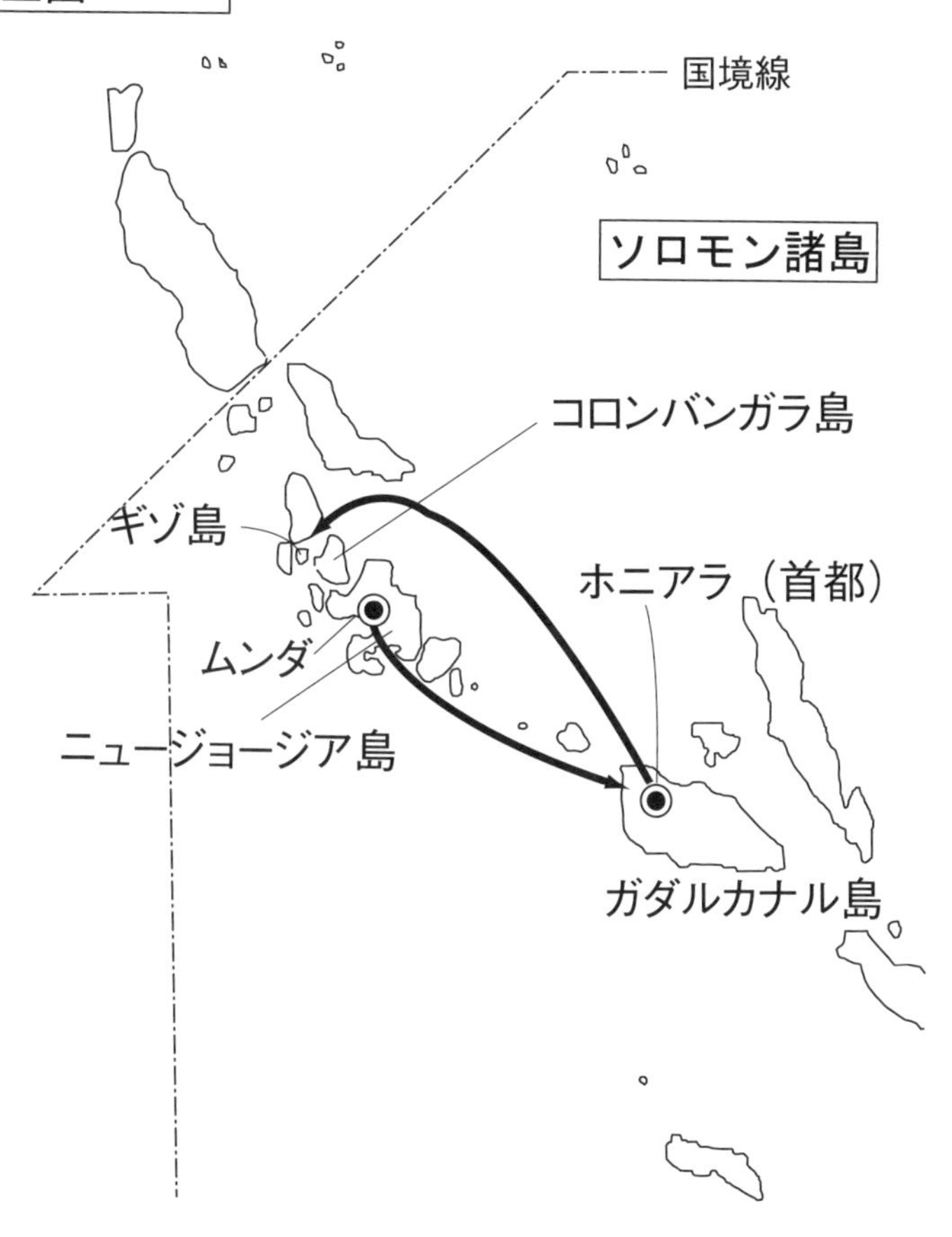

パラオ共和国

第四章　ペリリュー島

二〇〇七（平成十九）年
一月二十九日

ペリリュー島
谷に向けて固定された砲

パラオ、戦いの前の状況

パラオという国を身近に感じられる人は案外少ないかもしれない。海や島で遊ぶとなるとハワイやフィジーを想う人が多い。しかし、海に関するアクティビティーからすると、パラオの方が上位ではなかろうか。パラオの島々には、それぞれに特徴ある機能がすべてと言っても過言でない程備わっている。世界で一番すばらしい経験のできるのはパラオかもしれない。海のエンタテインメントの総合商社の観がする。正月にハワイは芸能人の溜まり場になるが、パラオにはそういう話がないのがさびしい。

私は今回初めてパラオに行ってみたが、一度で気に入ってしまった。海の遊びは何でも揃っているし、海から獲れた物はどれも美味だ。パラオ人には、日本人の血が少し混じっているというが、男も女も明るく、すれていない。警察署も消防署も小さくて済んでいるのは、それだけ用事がないからだろう。そしてなにより、ペリリュー島とアンガウル島という「アジア・太平洋戦争」時の激戦の跡が残されている島が、観光地化されることなく、特にペリリュー島は島ごと博物館のように整備され、当時のままの姿でいたことには驚くほかなかった。

この度、先の戦争の跡を訪ね、現状を調べ、写真に納め一冊の本にまとめることにした。そのため、パラオ（ペリリュー島、アンガウル島）、ヤップ島、チューク（旧トラック）、ポンペイ（旧ポナペ）と昔内南洋と呼ばれた地域を周遊する旅を企画した。

私は小さいながら山野草を扱う商売をしているので、長い旅行は取引の細る冬にせざるを得ない。一人ではおもしろくないので妻を誘うと、喜んで同道するという。旅行社と相談し、パラオを頭に上記の順に、行程を組んでもらった。どうしても食べたいコウモリのスープとマングローブ蟹、椰子蟹を食事の際、提供してもらえるように手配をたのんでおいた。

パラオは一八八五年から一八九九年までスペイン領だった。その後ドイツ領となり（一八九九年〜一九一四年）、第一次世界大戦後、日本の委任統治領となり、アメリカの統治を経て、一九九四（平成六）年十月に独立した。一九二二（大正十一）年、日本は南洋庁をパラオのコロールに設置し、内南洋の行政の中心とした。日本はパラオに米食の習慣を定着させ、茄子、胡瓜の野菜やパイナップルなどの農業を持ち込み、鮪の缶詰や鰹節の工場を作り雇用を創出した。学校を開設し道路を舗装し、橋を架け、電気を通し、電話を引いた。サイパンに本社のある南洋興発などの会社が進出し、水産業、燐鉱石採掘業、パイナップル農園などが企業化された。殖産のパラオも軍備に無関心ではなかったが、軍備制限により要塞など軍事的な物件の建設など禁止されていた。バベルダオブ島（パラオ本島）に民生用の小さな飛行場がある程度だった。

しかし、ここで日本は大きく舵を切った。一九三三（昭和八）年、日本は常任理事国であった国際連盟を脱退してしまった。又軍縮の縛りも解けたのを待って、一挙に軍事拠点を充実させていった。内南洋の開発も基地化を促進させた。一九三七（昭和十二）年、パラオ本島の飛行場拡張とペリリュー島の飛行場新設工事が開始された。真珠湾奇襲作戦〔一九四一（昭和十六）年十二月〕の頃にはペリリュー島には千二百ｍの交叉した滑走路が完成していた。ペリリュー島の北隣のガドブス島にも滑走路が作られ、両島は橋で結ばれていた。二〇一〇（平成二十二）年には、この橋のコンクリート製の橋脚の一部が残っていたという。

一九四三（昭和十八）年、パラオの人口は三万三千人で、七割は日本、沖縄、朝鮮、台湾から移り住んだ人達だった。

パラオの激戦地となったのは二つの島、ペリリュー島とアンガウル島だ。ペリリュー島はパラオのコロールより南へ約五十㎞に位置し、人口約七百人、面積約十三㎢の島である。熱帯雨林に覆われ、ダイビングには絶好のポイントが島を囲んでいる。我々の目標とする戦跡は一日で見て廻れる様に配置されているらしい。

一九四四（昭和十九）年も中程になってくると、太平洋に於ける日本の勢力は制空権・制海権からみても完全に弱まっていた。連合軍はアメリカを中心に、いかに効率よく「飛び石作戦」で日本本土に迫り、終戦に持ち込むかを練っていた。

当時、アメリカでは海軍チェスター・ミニック提督と陸軍ダグラス・マッカーサー大将、キング海軍作戦部長が、それぞれの日本本土攻略案を提出し、混乱していた。結局フランクリン・ルーズベルト大統領とアメリカ統合本部が、フィリピン侵攻に至る作戦計画を作成し混乱は収拾した。そして予定を一九四四（昭和十九）年九月十一日「第二ケベック会議」で発表した。

「一九四四年九月十五日、マッカーサー陸軍主体の連合国南西太平洋軍がモロタイ島攻略。海軍主体の連合国中部太平洋方面軍が同日パラオのペリリュー島とアンガウル島、十月五日、ウルシー環（かん）礁（しょう）の攻略実施、十一月十五日、ミンダナオ、十二月二十日、レイテ島上陸」と。

それでもミニッツはパラオは迂回すべきだと力説。マッカーサーは「フィリピンへの航空作戦の拠点ともなる前進基地を確保する」ためにも、パラオは攻略するとして、実行に移されることになった。

ペリリュー島の戦い

一九四四（昭和十九）年九月十五日朝八時、米軍上陸。その日までに、艦砲射撃や航空機による爆撃で、ジャングルや構築された障害物は吹き飛ばされて丸裸の島になっていた。だが、日本軍の主抵抗線は無傷だった。

ペリリュー地区隊長中川州男大佐は、日本伝統の水際撃滅作戦などの一斉突撃は厳に戒める作戦をとった。そして、最後の一兵まで戦う「徹底抗戦」を唯一最大の戦術とした。日本の守備隊は約一万人だ。

山地の洞窟・鍾乳洞を繋ぎ、山に穴をあけ、大は何百人も収容可能、小は一人用の蛸壺で敵に備えた。洞窟は五百以上あるといわれた。海岸には強固なトーチカを設置した。

米軍は第一、第五、第七海兵隊一万六千人を主力とし上陸を開始した。後になってアメリカの海兵隊中佐は「こんな戦闘はこれまで見たことがない。太平洋戦争で最も激しく、最も混乱した戦闘だった」と回想している。

九月十六日　飛行場は米軍の手に落ちる。

九月二十一日　海兵第一連隊三千人中、千七百四十九人死傷、史上最悪の損害。死傷率なんと七一％。第二、第三大隊死傷率五六％、五五％。

九月二十五日　第一海兵隊交替。
十月二日　水戸山の戦闘終わる。
十月三日　ファイブシスターズ陣地攻撃（ファイブシスターズとはペリリュー島中部に連なる山岳地帯で、五つの低い尾根が連なっている場所の総称）。
十月十一日　水府山、米軍の手に落ちる。
十月十三日　中川大佐の掌握している兵員はこの時点で千百五十人、戦死行方不明者九千人以上。
十月二十八日　米兵、唯一の水源を鉄条網で完全に遮断。
十一月十三日　司令部洞窟のある大山で最後の戦いとなる。
米軍のフィリピン攻略にモロタイ島が利用され、レイテ沖海戦（一九四四年十月二十三日～二十五日）にみられるように、日米の主戦場はフィリピンに移っていた。ペリリューはこの頃、戦略的価値はなくなっていた。
十一月十五日　中川州男大佐、天皇より十一回目の嘉賞の言葉があった。陸軍史上例はない。
十一月二十四日　米軍十m先に迫る。第一四師団へ決別の電報「サクラサクラ」を打つ。
司令部地下壕内でペリリュー地区隊隊長中川州男大佐（死後二階級特進し中将に）、第十四師団派遣幕僚村井権治郎少将、歩兵第一五連隊第二大隊長飯田義栄少佐、三人自決。
十一月二十七日　日本軍の残兵五十五人で飛行場破壊を目標に夜襲、全員玉砕。
ワイルドキャット師団（第一海兵師団）リュパータス師団長は、戦う前に「激しいが長くて四日」で終わると言っていたペリリューの戦いは七十三日もかかってしまった。報告書には「日本守備隊は祖国の為に全員忠実に戦死せり」と書かれた。

そんな中で、三年の間の食糧、軍装、カービン銃を米軍より奪取し、山口少尉以下三十四人の生き残った兵がいた。終戦後、日本軍の第四艦隊参謀長だった澄川道男少将の説得や、父母の手紙を示すなどして米軍に帰順させた。帰国して「三十四会（ミトシカイ）」という名の戦友会を作った。帰順したのは一九四七（昭和二十二）年四月二十二日。最後の一人は二〇一九（令和元）年十一月四日に死去したという。

周到な地下壕をいくら用意しても、約一万人の日本軍守備隊に延べ四万二千人の米軍との戦いでは、その結果はわかっていた。

アメリカにとってペリリュー戦の評価はあまりよくないようだ。ペリリュー島攻略のメリットが莫大な損失に見合ったものだったか、今でも疑問に思う将軍は多いようだ。

米陸軍三二三連隊が無血上陸したウルシー環礁はペリリュー島と同時期の作戦だった。ウルシーは天然の良港を持ち、基地構築にはペリリューより適していた。硫黄島、沖縄戦の重要な拠点となっていった。

ペリリューからのフィリピン支援は、マッカーサーがフィリピンに上陸してから一カ月もたってからだった。ペリリューの戦略的意味は無くなり、アメリカでは顧みられることはなかったが、日本軍にとってはこれより続く硫黄島戦、沖縄戦で、洞窟・地下壕の利用法などはよい教訓となった。

ペリリュー島全島一周

アメリカでは無関心、日本では悲劇の玉砕の島、ペリリューとはどんな所で、何があるのだろう。

二〇〇七（平成十九）年一月二十九日、一日かけて島を廻ってみることにした。マラカル島のパラオ港よりモーターボートに乗り出発。島は五十㎞先にある。この旅は戦いの跡を見るのが目的なので、途中に見たり、寄りたい島は数々あるが、すべて無視し、一直線にペリリュー島に向かった。モーターボートは、妻と二人だけの貸切りで、同行者は運転手と地元の旅行社の社員で、本日の案内をしてくれる小泉君だけだ。マカラカル島のジェリーフィッシュの湖も、セブンティアイランドも横に見て、通り過ぎるだけ。もったいないけどしかたがない。

アメリカ人がリーフに掘ったという船専用の水路「ジャーマンチャネル」を通り、一時間ちょっとで着いた。途中、右側には白い泡の立つ波の線が水平線となって続いている。ずっと珊瑚礁が続いているという証拠で、その外側は波の荒い太平洋で急に深くなっているという。

日本兵一万人、五百の洞窟と米兵延べ四万人の戦場。何があるのか気が急く。

ペリリュー島の北波止場で待っていたのは現地ガイドのウィリーさん。これから島の北から南へ車で案内してくれるのだ。港の周辺にはトーチカが多数見られる。苔は生えているが、現役で充分役にたちそうだ。

浜に沿って走るとすぐに水戸山（ミトサン）という山の麓に出た。この山には複雑な洞窟が掘られており、千人洞窟と呼ばれていた。熱帯雨林の中に入口はあった。高さ二ｍくらいで、立ったまま歩ける。懐中電燈の光が届かないくらい奥は深そうだ。入ってみるとおびただしい酒・ビールの瓶やそのかけらがころがっている。酒はどこでも飲んでいたようで、どの戦場にも酒の瓶はあった。それに混じり、小さいがずしりと重い砲弾もあった。

4－1　水戸山（ミトサン）千人洞窟の中に散乱する酒瓶

この千人洞窟を図で見ると、井の字のように掘られ、全体ではすごく長い距離になる。入口は十くらいあり、中で直角におれ曲っている。弾丸が届かないように、火炎放射器の炎が来ないよう工夫をこらしている。そしてこの洞窟のある箇所に三十四人の生き残った兵が潜んでいた部分がある。その入口はここだと教えられたが、深い草に覆われていて、外からはわからなかった。三十四人の兵士と米軍の手打式は一九四七（昭和二十二）年四月二十二日に行われたが、終戦後の米軍の倉庫から必要な物をすべて調達したというから、豪気なものだ。

それにしても日本の旧軍の規律というものは、一面立派だとも思う。捕虜になってはいけないという決まりもあったが、ここまで長期に多くの人間の自由を束縛でき

4－2　三十四会（ミトシカイ）の碑　生き残った兵34人の碑
碑には「戦友よ安らかに」とある

るものなのかと悲しくもあり、感心もしてしまう。山の方に行くと、この千人洞窟のように単純な入口でない地下壕や穴ばかりだという。

ジャングルに埋もれた昔の火力発電所を通り越し、「みたま」と呼ばれている日本軍兵士の慰霊碑に到着した。本来は島民の墓地だが、その一角に多数の碑が集められている。一番背の高いのが「みたま」で、それを中心に二十基ほどある。戦車隊の会、砲兵隊の碑、沖縄の塔などが目立つ。三十四人の生還者の碑もある。そこには「戦友よ安らかに　ペリリュー島守備隊生存者　三十四会」と記されている。濃茶色で、一辺二十cmくらいの四角い柱で高さ百二十～百三十cmのものだ。黒い石で個人の墓も十基はある。謹んで線香に火を付ける。四人でしばし黙禱。

大きいパンの木のある広場に古い建物がある。これはかつて日本軍の燃料庫で、後米軍の病院となり、今は博物館になっている。中に陳列してある物は、今日の運転手兼ガイドのウィリーが中心となって集めた物だそうだ。室内には手榴弾、鉄兜、ガラス瓶など戦時に使われたあらゆる武器や防具や生活用品が並べられている。ラバウルの博物館もすばらしかったが、ここは、身の廻りの物から小火器まで、こまかい所に目を配った品を集めているので兵士の生活まで想像ができる。一つ一つが本物なので訴える力は強く、その意味も深い。手榴弾一つとってみても、種類が多くて驚く。こんなのが、戦車の下に投げ込まれたり、洞窟の中へころがされたりしたのだろう。又何秒間か抱いて自決していったのか身につまされる。瓶もいろいろで、一升瓶はもちろん日本酒、ＫＩＲＩＮはビール。明日の命の保証もない戦場で飲む酒は効いただろう。

4－3　私設博物館　各種の手榴弾

鉄兜は悲しい。日本製は鉄で、錆がひどく、所々に穴があいている。一方アメリカ製はチタンだ。穴などく、錆はういていない。重さにはかなりの差があり、比べものにならない。アメリカの国力を感じてしまう一品だ。銃と銃弾も日米揃っている。たてかけてある一丁を手にとってみたが、思っていたよりずっと重かった。

博物館のすぐ横に、日本軍のペリリュー総司令部の建物があった。米軍が上陸する時までか、いつまでここは使用されていたのだろうか。二階建てで、四角い柱は一辺五十㎝はあるがっちりしたものだ。一階で百坪の広さはあろうか。中で説明する小泉君の声が古い映画のよう

4-4　ペリリュー日本軍司令部　大きな、がっしりした建物

に割れて響いて聞こえる。そうか外はスコールだ。ガイドのウィリーはどこかに消えてしまった。二階には、風呂、台所、便所の跡が残っており、兵士たちが、そこらにいてもいいような雰囲気だ。折鶴の束がある。慰霊団が来たことの証拠だ。

一tか八百kgの爆弾が直撃したという穴があった。屋上から二階の床をつきぬけたらしい。直径一mの穴からは鉄筋が糸屑のように垂れ下っている。

電信室だったという部屋のドアは開いていて、人がいてもおかしくないくらい整頓されていた。「貴様はどこの隊の者か?」などと誰何されたであろう昔を偲んでみた。

当時の建造物としては、たぶん一番大きなものだろう。ジャングルに埋もれてしまった発電所のようになってはまずい。この建物が朽ちるまで大切にして欲しいものだ。

スコールは止んだ。ウィリーは車に帰って来ていた。司令部跡からわずか走るとテニスコートくらいの広場に出た。そこにありました、日本の戦車が。九五式軽戦車か。二人乗りのかわいい戦車

4－5　日本軍の95式軽戦車　羊歯にかこまれそう

4－6　オレンジ・ビーチ（日本名西浜）　1944年９月15日米軍上陸地点

だ。乗ってみたいが鉄板が腐っている。上に乗ることは遠慮した。背の高い羊歯が防護板の切れ目から伸びている。この広場はきれいに草が刈り揃えられている。誰かが整備しているのだろう。

問題の飛行場に出た。当時十字形の滑走路は東洋一だと言われていた。この飛行場が無かったなら、この島に米軍は上陸しなかっただろう。ペリリュー島にもアンガウル島にも飛行場があり、これがフィリピン攻略の邪魔になったのだ。今は南北八百mの滑走路を小型飛行機に開放されているようだ。東西千二百m分はそっくりジャングルの中に消えていた。

米軍の上陸は滑走路のすぐ南にあるオレンジ・ビーチだった。日本名では西浜と呼んだ。島で一番広い砂浜だという。米軍の上陸時に日本軍の待伏せに遭い浜が血で染まったので、オレンジ・ビーチと名付けたようだ。浜の端にアメリカ第八十一歩兵師団を慰霊する塔が建っている。塔があるということは、かなりの犠牲が出たのだろう。一見石積みのように見えるが、コンクリートで固めた三mくらいの高さの塔だ。

山の方へ行くと零戦があるというので、メインの道路から少し島の中心に向かって歩くと、飛行機の残骸が現れた。不時着したのだろうが相当に傷んでいる。バナナ林の中で斜めに傾いた大きな岩の上に乗っている。もう少し原形を止どめておいてほしかった。米軍は九月十五日に上陸し、すでに飛行場を使い始めたようだが、その際、逃げ遅れたのかもしれない。

島の最南端、オムルウム岬に着いた。ここら一帯はペリリュー平和記念公園になっている。ここに「西太平洋戦没者の碑」がある。高さ五m、横七mくらいの大きなもので、ペリリュー島の石を配置、コンクリートで固定し、門型に建ててある。日本語と英語で「さきの大戦において西太平洋

4－7　ペリリュー平和記念公園にある「西太平洋戦没者の碑」
筆者夫妻　現　上皇、上皇后も参られた

の諸島および海域で戦没した人々をしのび　平和への思いをこめて　この碑を建立する」とのメッセージが刻まれている。「御霊」が皆日本に帰れますようにと北を向いている。ところで、二〇一五（平成二十五）年四月九日、平成天皇・皇后両陛下がペリリュー島に慰霊訪問された時に、この碑に参られた。我々の訪れた日より九年後のことになる。お二人を御案内したのは、明日アンガウル島へ同行する、今日と同じパラオの旅行社ロック・アイランド・ツアー・カンパニーの菊池正雄さんだった。私をガイドしてくれた人が、天皇・皇后両陛下の御案内をしたなどと考えると嬉しくなってくる。

サウスドック（南波止場）で昼食にする。さすがパラオだ、日比谷公園で広げても遜色のない純日本式弁当だ。ダイバーもこの波止場で休んでいるので、結構賑やかだ。ここからすぐ眼の前に、明日行くアンガウル島が平べったく見える。

食事が終わると、さっそくウィリーはビートルナッツだ。ヤップ島の二人のように気どったバッグなどに入れてなく、布の袋をひっくり返し、檳榔樹（びんろうじゅ）の実と謎の葉と珊瑚の粉を手の平に乗せ、ぱっと口の中にほうり込んだ。びっくりしたのは、紙巻きタバコも持っていて、これも噛んで汁を吸うのだという。これはちょっとからだに良くないんじゃないかな。

ウィリーは日本語がうまく話せる。子供の頃、言葉は必要になるだろうと思い、日本語を主に勉強したという。今では日本語と英語を普通に話す。必要は発明の母であろうが、立派なものだ。グアム・ハワイ・アメリカで働くには英語は必須条件だという。

ビートルナッツを楽しみながら、ウィリーが話しかける。「唐澤さんは、変わった人だね」「は?」聞き返す。「パラオに来る人、エブリボディ泳ぐ、潜る、釣る。戦争に来る人エブリボディ、経験者、遺族ね。そうでない人来ない。珍しい人、変わった人ね」「はあ?」小泉君に聞いてみる。「ここのところ、両島に来る人は唐澤夫妻以外にありませんね」という答えだった。珍しがられても不思議ではないようだ。

私は泳ぎは得意、釣りは好き。しかし、六十五歳(当時)だ。泳いで魚を捕っておもしろがる齢ではない。どうしても戦争の研究や戦場訪問、戦記の読書の方に向いてしまう。

ガイドの小泉君まで「戦友会でもない人を案内するのは珍しいですね。夫婦でというのはなお更稀です」と言っている。しかし、日本人一億二千万人、中にはこんな奴がいてもいいんじゃないか。

さて午後の部へ。米軍の水陸両用戦車が何台もある広場についた。大きい。五人乗りで二百四十馬力のエンジンを乗せているという。鉄板は厚く、錆びてはいるが、穴のあいた箇所はない。上に乗ってもびくともしない。こんなのが並んで何台も来たら、誰でも逃げるだろう。すごい迫力がある。これを鉄道博物館のように、運転でも来場者にさせたら人気が出るだろうなと、よからぬ想像をしてみた。ウィリーは遠くから我々三人を見守り、妻と小泉君はわずかに引いて控えている。私だけが興奮して周辺を歩き廻り、写真を撮りまくっている。一期一会、騒いで触りまくろう。走り廻ると水陸両用戦車は十台以上あった。

飛行場に近い中山の裾に行くと、砂を入れたドラム缶が並んでいる。弾除けに洞窟の入口に置いたものだ。台座に乗った火砲が、山を背にし、開けた谷の方に向かって据えられている。敵は山の上からやってきたので、一度も弾を込めなかったとの逸話のある代物だ。

新しく建てられた神社があった。以前には一九三四（昭和九）年建立の南興神社があったが、戦いで跡形もなくなってしまった。その跡地かどうか不明だが、一九八二（昭和五十七）年五月にペリリュー神社として建てられた。祭神は天照大神と玉砕により戦死した一万余の霊となっている。境内にアメリカ側が建てた碑が二つあり、その一つにはニミッツの言葉が刻んであった。表は英語、裏には日本語で「諸国から訪れる旅人たちよ　この島を守るために　日本軍が　いかに勇敢な愛国心をもって戦い　そして玉砕したかを伝えられよ　太平洋艦隊司令長官C・W・ニミッツ」とある。

いよいよ中川州男大佐が、最後まで籠り抵抗した大山に登ってみることにした。大山は標高九十八m、ペリリュー島で一番高い山だ。山の周辺には火砲とその弾が置いてある。砲身は草に絡まっている。一九六四（昭和三十九）年建立の「歩二会ペリリュー島慰霊推進会の顕彰碑」と一九四四（昭和十九）年十一月二十四日、中川大佐が「サクラサクラ」と電報を打ち、この地で自決した

「終焉の地」の碑がある。共に卒塔婆やペットボトルに囲まれていた。
海辺でなく、山の中で戦術を大幅に変えた知恵者、中川大佐は、分かっていたことだが、いつか終焉の時は来ると覚悟し、大和の国と天皇の世の弥栄を願い、ここで散華したのだ。中川大佐は、よく二カ月以上も維持できたものと、案外ほくそ笑んでいたのかもしれない。ここでも線香に火をつけた。

4－8 「終焉の地」の碑　中川州男大佐が「サクラサクラ」の電報を打ち自決した

大山の頂上は百十五段の階段を登った先にあった。展望台になっている。"Bloody Nose Ridge Mountain"と英語の案内板があり、アメリカ軍の慰霊碑が立っている。激戦中の激戦はこの山を巡ってされたのだ。頂上からアンガウル島と多島海がすぐそこに見える。

熱帯の陽は暑い。でも風は心地よく、興奮した頬を鎮めてくれる。戦跡・博物館島巡りの本日の部は大満足のうちに終了した。ペリリューの北波止場には、モーターボートが待っていた。船長は"Good ?"のDを極端に上げて親指を立てた。"Good"のGを思い切り上げて応えた。午後三時、ペリリュー島を離れた。

なぜか、泣きたくもなってきた。あれだけ期待していた島巡りが、終わってしまったのだ。済んだ後の虚脱感がこうもはっきりと沸いて来ては、率直に受け止めるしかない。英霊たちはこの奇妙な訪問者を歓迎してくれただろうか。

小泉君と二人でビールで乾盃。

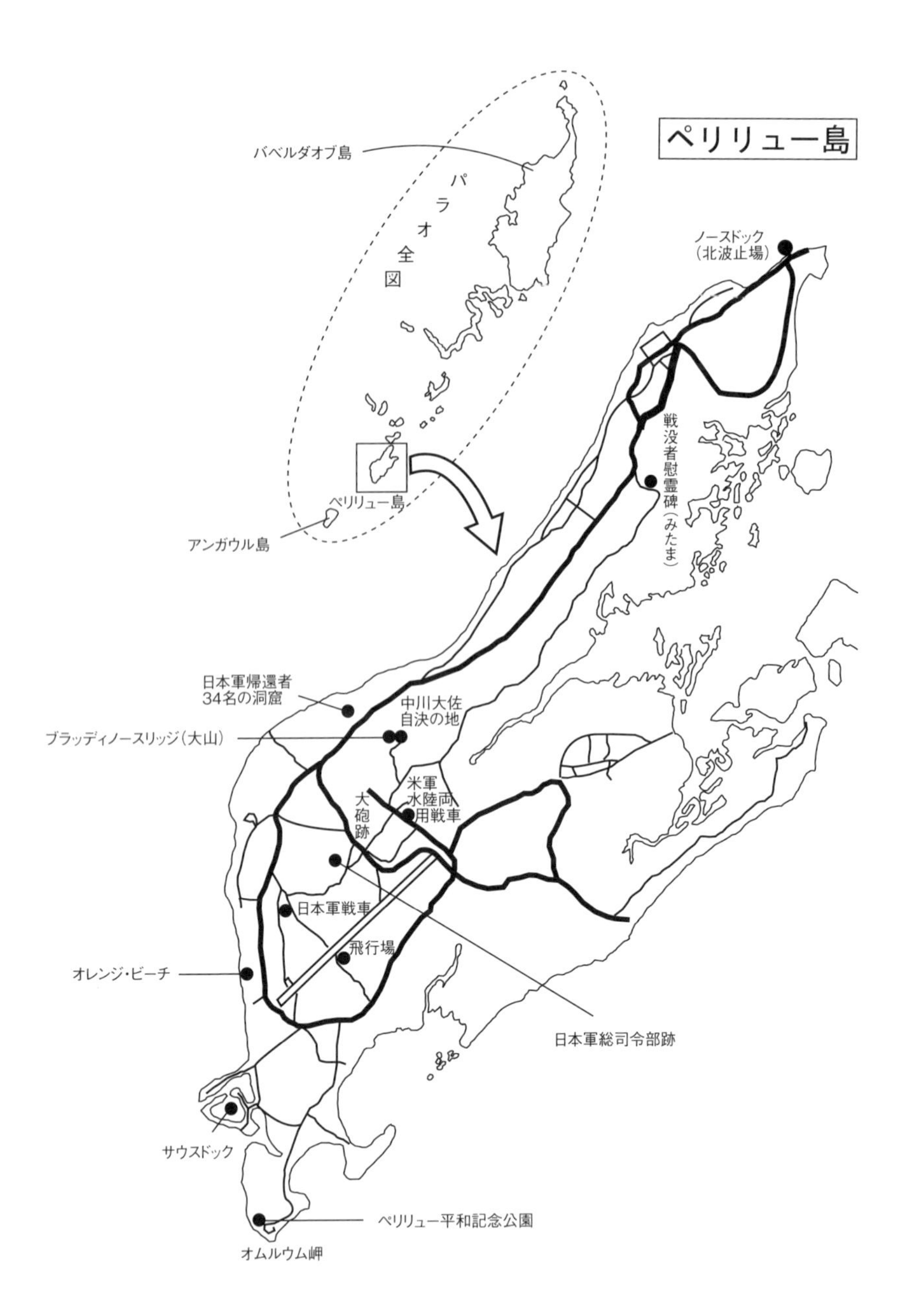
ペリリュー島
バベルダオブ島
パラオ全図
ペリリュー島
アンガウル島
ノースドック
（北波止場）
戦没者慰霊碑（みたま）
日本軍帰還者
34名の洞窟
中川大佐
自決の地
ブラッディノースリッジ（大山）
米軍
水陸両
用戦車
大
砲
跡
日本軍戦車
飛行場
オレンジ・ビーチ
日本軍総司令部跡
サウスドック
ペリリュー平和記念公園
オムルウム岬

パラオ共和国

第五章
アンガウル島

二〇〇七（平成十九）年
一月三十日

アンガウル島
島一周道路　舗装などとんでもない

アンガウル島略戦記

昨日のペリリュー島に続いて、今日はアンガウル島の探検だ。アンガウル島は、パラオのコロールより南へ六十km、ペリリュー島より十km行った先にある。東西三km、南北四kmの島で人口は二百人。パラオ十六州の一つアンガウル州だ。リン鉱石が豊富だった。一九一〇年代、ドイツが採掘削を開始した。採掘は日本に引き継がれ、四百五十万tも掘り出された。戦後十年間も掘り続けられた。今では採取施設はジャングルに同化している。

アンガウル島にも飛行場があったので、ペリリュー島と共に米軍の上陸が必要な島となってしまった。どんな戦いだったのだろう。

パラオ防衛は第一四師団（照兵団宇都宮）が担当した。

アンガウルは歩兵第五九連隊第一大隊、後藤丑雄少佐のもと千二百五十人の守備隊だった。

アメリカは第八一歩兵師団（山猫部隊 Wild Cat）ポールミュラー指揮、兵力二万一千人だ。

日本軍は民間の日本人と現地民（特に老人、婦女子）をパラオ本島（バベルダオブ島）に疎開させた。現地住民男性百八十人は軍夫として日本軍に協力し、戦闘に巻き込まれた。

一九四四（昭和十九）年九月十一日、米軍は上陸前に空母「ワスプ」発艦のドーントレスによる予備爆撃、戦艦「テネシー」による艦砲射撃、これ等により日本軍の通信施設は破壊され、玉砕しても連絡は一切不可能になってしまった。

九月十七日八時三〇分すぎ、米船艦十隻以上からの艦砲射撃の援護の下、島の東北部及び南西の海岸より米軍上陸開始。日本軍は、地雷の被害、水際作戦の被害こそあったが、夕方には内陸に進出、あらゆる火砲を動員し、夜襲をかけた。

九月十八日　明け方、米兵を海岸まで押し返す。米軍はM二四中戦車とLVT（Landing Vehicle Trankel 水陸両用戦車）を前面に出して反抗。艦載機の銃爆撃も加わり、朝一〇時、日本軍攻撃部隊全滅。

九月十九日　島の中心部サイパン村へ米軍突入、占領。

九月二十五日　目標としていた丘、米軍占領。

九月三十日　米軍、全島占領。

十月十五日　米軍、飛行場使用開始。

十月十九日　東部の洞窟で抵抗していた兵、最後の切り込みで玉砕。

十月二十一日　組織的な戦闘終了宣言。

十月二十八日　昭和天皇の御嘉賞の言葉出される。

日本軍の損害　戦死　千百九十一人　捕虜　五十九人　生還者　約五十人

米軍の損害　戦死　二百二十六人　負傷　二千二百九十四人

その後のアンガウル

一九四四（昭和十九）年十月、米陸軍航空第四九四爆撃隊（B-24編成）が到着して以降、コレヒドール島を含むフィリピンに八十三回に渡り空襲。パラオ諸島のコロール、サップ、トルークにも数度爆撃を行っている。一九四五年五月まで米軍機はアンガウルから出撃した。

アンガウルは戦闘地域の中では、比較的危険の少ない場所であったことから空輸航路として利用されることもあった。

アンガウル島探訪

アンガウルを目指す。一月三十日　薄曇り

朝九時一〇分、昨日より大きいモーターボートで出発。キャプテンはモーガン。ガイドは小泉博君と先輩の菊池正雄さん。世話になっている旅行社の中でアンガウル島を案内できるのは菊池さんだけで、小泉君は今回はアシスタント兼研究生として同行するようだ。客は妻と私、又二人だけだ。途中に中国の鮪漁船が碇泊している湾があった。パラオでは鮪、鰹、シャコ貝がよく食されているらしい。パラオ統一の発端となった島の横を行く。その島は、ウーロン島といい、一七八三年七月九日、イギリスのアンテロープ号（船長ヘンリー・ウィルソン）が、島の近くで難破した。コロールの大酋長アイバドルは船長を助け、お礼に鉄砲が贈られた。その鉄砲により、パラオの統一はなったという。

ジャーマンチャネルを通り過ぎると、昨日回遊した戦争博物館島ペリリューがぐっと近寄る。ここら辺にはダイビングする人が泊まる船がたくさん碇泊している。やはり戦跡巡りなんてのはマイノリティーらしい。昨日のペリリュー行きにも、今日のアンガウルにも、我々以外客はいないし、ペリリューでは、慰霊碑巡りの人には会わなかった。今日もたぶんそうだろう。

一〇時四八分、一時間三十八分かかって、アンガウル港に着いた。

この島は太平洋の真ん中にある孤島で、リーフに取り囲まれていない。従って波は直接浜にやって来る。そんなことでアンガウルに船を出すには船長の許可がいるという。出航、航行、接岸等船に関してのＯＫ、ＮＯは船長の判断次第で、今日は六〇％のＯＫだそうだ。

引き潮なので、コンクリート岸壁のえらく高く感じること。階段を登りやっと上陸。そこには日本政府の援助でできた待合室があった。壁にアンガウル島の地図が描かれている。南北四㎞の小さな島なので飛行場の滑走路が異様に長く感じる。

迎えの車らしいものは無い。赤い小型トラックが止まっているだけだ。旅行社の菊池さんは、そのトラックの運転手と話をしている。「さあ乗りましょう」菊池さんは、皆を赤いトラックに乗るように勧める。この赤いトラックで行くの？　今までヒッチハイクでもしない限り、小型トラックの荷台には乗らなかっただろう、その荷台に四人も乗せられて出発だ。荷台にはコ字型の台が置かれ、中に荷物を入れるようになっている。これぞアンガウル。

「こんなんで危なくないですかね」私が問う。「道は

5－1　アンガウル島　人口200人　パラオ16州のうちの一つ、東西３km、南北４km

5-2　アンガウル観光のトラック　荷台に4人が乗った

舗装してないから早く走れませんよ」菊池さんは、すべて心得ているようだ。運転手兼ガイドはオッスー。「さーそこに座って。行きまーす」オッスーは車を走らせた。彼も日本語を話す。

荷台から運転席の屋根を叩いて“Stop Stop”と叫んだり、言われなくもバス停のように止まるべき所には止ったりして、トラックは島一周道路に沿って進んで行く。

本当に、集落の一部が舗装されているだけ、メインの一周道路もそこから派生する道も、すべて草の生えたままの道だ。これが熱帯の雨の中の林だというように木の葉は繁り、重なりあって林の奥は見通せない。道路には、これは根だろうか、枝か茎かというような蔓が、カーテンのように下っている。その紐のような蔓をかきわけかきわけ、ソロソロとトラックは進む。荷台の四人はオッスーの進むにまかせるしかない。ふりかかる紐を払い除けるのに必死だ。

「食べられる実なんか、ジャングルには多いんでしょうね」菊池さんに聞くと「あ、あれは、わざわざ植えた物ですね」と答える。「緑の砂漠といいまして、食べられる物は無いですね」なんだ、ジャングルってつまらないんだ。

リン鉱石採掘に使われた器具や装置がそのまま置いてあり、草と蔓にとりこまれつつあった。蔓にからまれ、息も絶え絶えに、下部は腐っていても柵は立たされている。乾燥用の棚もそうだ。倒れたいが、倒れられないでいる。ベルトコンベアの巻上げ装置には、苔が厚く張り付いている。かわいいトロッコも車輪を上にして半分草に埋まっている。

5－3　リン鉱石採掘場のベルトコンベア巻上げ装置

島にはオレンジ、レッド、ブルーと色の名の付いたビーチが三つある。まず、オレンジ・ビーチに出た。ここは有孔虫の死骸が堆積した星の砂の浜として有名らしい。本当に浜はオレンジ色で、砂は大粒で、ぶつぶつしている。

ところで私が外国に旅する時に、必ずその国で集める物がある。硬貨、紙幣、カレンダー、地図、砂、酒類のラベルなどに関心が向いてしまう。すべて揃えようと思うので滞在中は結構いそがしい思いをいつもしている。この有孔虫の砂などは珍しい部類に入る。ビニール袋小二つにこぼれない様大事に拾った。この砂が持ち出せない国が、今までに二つばかりあった。スーダンとモンゴルの二カ国だ。両国とも砂も土もすべて鉱物とみなし、鉱物は国の財産、よって無断持ち出しはまかりならぬという理屈だった。レントゲンで軽くみつけられてしまったので、モンゴルのゴビ砂漠、スーダンのヌビア砂漠とナイル河の砂は今もって手許にない。モンゴルなど、横綱白鵬にでも頼んでおけばよかったかもしれない。エジプトなどでは、行政関係の役人に「船で持ちに来てもいいよ」と笑い飛ばされたこともあった。

地図にもややこしいのがあった。アルメニア、ジョージア、アゼルバイジャン三国を旅した時のアルメニアの地図だった。アルメニアは一九九一（平成三）年ロシアより独立した。そして、アゼルバイジャン領のナゴルノカラバフ州を実効支配したのは一九九四（平成六）年のことだ。それ以後、アルメニアの地図にはナゴルノカラバフ州はアルメニア領と明記されるようになった。問題はこの地図だ。アゼルバイジャンは当然認めるわけにはいかない。アゼルバイジャンの関係筋の目に触れると没収されるという。アゼルバイジャン入国時と出国時に、アルメニアの地図は腹に巻いていた。しかし、二〇二三（令和五）年九月の戦いで、ナゴルノカラバフ州はアゼルバイジャン領に戻ってしまった。ひょっとしてこの地図は貴重品になるかもしれない。

アンガウル島の戦没者の慰霊碑群は、ペリリュー島ほど多くはなかった。中央に下野観音像を上にのせた大きな碑があり、右には小さいが、日本政府の建立した碑、左には佐藤丑雄少佐の慰霊碑、ペリリュー島と同じスタイルの沖縄の塔もある。今回は旅行社が率先して段取りをしてくれ、総員五人で手を合わせた。

アンガウル神社は一九八三（昭和五十八）年五月建立だという。誰も手入れをしていないようで、山刀で草を払い、やっと説明板の写真が撮れた。

島の北西部にある聖マリア像に立ち寄る。海上からもよく見えていた真っ白な像だ。この海岸はダイビングスポットで名所になっているという。

北部の潮吹き穴からは、すばらしく高い飛沫が上っている。海は荒れているようだ。「大丈夫ですかね」と聞くと「なあに、泊まればいいことですよ」と菊池さんは事も無げに答える。いくらなんでも泊まりはいやだなあ。

島の北東部のレッド・ビーチを過ぎると、ジャングルの中に、たくさんの飛行機の残骸を集めてある所に出た。どうも日本の飛行機ではなさそうだ。運転手のオッスーはアメリカのコルセアかと言うが、誰も確かな機種名は言えない。プロペラだけでも四つはある。エンジン、胴体、操縦席とさまざまな部分がある。修理工場か、もしかしたら米軍の飛行機の捨て場かもしれない。

飛行機の滑走路に立ってみる。二千百ｍと長いが使っていないという。もったいないことだ。草は生えていない。緊急時だけに使用するらしい。

珍しいツカツクリの孵卵のための草の山を見つけた。ツカツクリ（Magic Bird）は木の葉、枯れ葉を集め、その中に卵を産む。腐蝕熱によって卵が孵るという仕組になっている。みつけた山は直径五ｍくらいの小さなものだったが、大きいものになると十ｍにはなるとか。地元では、アカバイヌとか、ヒクドリと呼び絶滅危惧種になっている。

ブルー・ビーチに着く。これで島の半分は廻ったことになる。この浜で昼食にする。昨日同様、日本食弁当だ。ここも米軍の上陸地点だった。アメリカ兵はここで百二十人が落命したという。二本の錆びたレールが海中から浜に敷いてあるが、米軍が物資の陸揚げ用に使用したものだとか。それにしても余裕のある上陸だ。ここには一九九五（平成七）年十二月十二日に建てた米軍の碑があった。ブルー・ビーチは名が示すようにブルー珊瑚が浜に打ち上げられている。記念に五本ばかり拾っておいた。

島の共同墓地に行ってみた。島民はカトリックが多く、昔は火葬したが今は土葬で、埋めなおすという。洗骨だ。日本では昔沖縄にあった埋葬法だ。現在の方が昔に戻ったような気もするが…。

日本人関係の墓は三基だけ。採鉱所共済組合員供養の碑（昭和九年三月建立）。アンガウル島在所日本人一同（建立年不明）ともう一つ。あまり戦争には関係なさそうだ。ドイツ人の墓もあった。Rose Rodatz。リン鉱石関係の大金持の女性だったらしい。

5-4　ブルー・ビーチ　米軍の上陸地点の一つ、荷揚げ用のレールが錆びて残っている

学校に寄ってみた。オッスーの奥さんはここの先生だそうだ。午後二時半、授業は終了し、全員で掃除をしている。珍しい日本人の訪問に全員おどけた仕種をしつつ歓迎してくれた。皆笑っている。八年制で、生徒は全部で二十九人。当然複式学級だ。高校は四年だが、コロールに一校のみ。

専門学校もコロールに一校だけ。大学は、グアム、ハワイへ行くことになっている。

アメリカの現在の支援には、パラオは大いに不満らしい。教育、医療には力を入れるが、経済開発、産業振興には力を入れてくれない。資金援助するのみ、技術援助のような人手のいることには無関心のようだ。産業は興らず、雇用は生まれず若者は島を出て行くのみ。そのくり返しだという。自然と共に自給自足で暮らせるのは健康的だが、夢も希望もない。優秀な人材は、コロールへ、そして海外へと眼を向けるのは当然のことだろう。

5－5　椰子蟹　こんなに大きいのは珍しい　ガイドが飼っている

ドライバーのオッスーの家は学校のすぐそばにあるというので、自宅におじゃましてみた。大きな椰子蟹がいた。というより飼っていた。小さい椰子蟹をとる仕掛もあった。仕掛には本当に椰子の実を使っていた。小さい時は宿借りだということも知った。

オッスーの母、ユリコさんがずっと相手をしてくれた。八十歳で頭は白いが、がっしりした体格だ。かわいい花柄のワンピースがよく似合っている。驚いたのは、この老人から日本語がスラスラと出てくることだった。典型的な日本の公民化教育を受けた世代なのだ。十～十五歳で日本語を習い、上級の学校にも進んだという。二宮金次郎、乃木大将、那須野与一の話が出できた。名前もユリコで日本人と同じだ。

後で調べてびっくりしたことがある。世界に一つしかないことが、アンガウルにはある。それは、州の第二外国語が日本語だということだ。たぶん二百近くある国の中で、日本語をそれだけ大事にしている国、地区は他にないだろう。なぜそうなったかはわからない。世界不思議発見の問題に出したら、何人が正解するだろうか。

スコールから桶までの集水装置の説明を聞いておいとました。

港に戻った。ここにパラオ初代の大統領の像があった。ハルオ・レメリクの像だ。一九八一(昭和五十六)年一月一日、パラオ憲法自治政府が発足し、初代大統領がハルオ氏となった。大統領が、せわしく変わるので、ちょっとその変化をみよう。ハルオ氏は一九八五(昭和六十)年六月三十日に暗殺されてしまう。十月二十五日、三代目がたった。ラザルス・サリーだ。彼は一九八八(昭和六十三)年八月二十日、ピストル自殺をしてしまう。一九八九(昭和六十四)年一月一日、五代ニラッケル・エピソン大統領へ。六代目は一九九四(平成六)年一月一日、クニオ・ナカムラに替わった。彼は日系人の大統領だ。この年の十月一日にパラオは独立した。そして一九九七(平成九)年一月一日、クニオは再選されている。二〇〇一(平成十三)年一月一日、トーマス・レメンゲサウが就任している。いろいろ過去には血腥(ちなまぐさ)い事件のあった国なのだ。

午後三時、波止場でオッスーの赤い観光小型トラックともお別れだ。キャプテンモーガンはモーターボートを外洋の波に直角に向けた。防波堤の外は波が荒れ狂っている。外洋に出ようとすると

5－6　コロール島　アサヒ・フィールド（野球場）の裏にある　日本製の戦車

ボートは波に押し捲られてしまう。タイミングを計るのだが、波と波の間隔が短く、エンジンの高回転の時に同調しない。モーガンは押し寄せる波のタイミングを計り、もう五分もたっている。「ドドンザー」の「ザー」で波は低くなる。この時がポイントで、次の「ド」がどれだけ早く来るか、遅く来るか。根比べの瞬間芸が必要となる。「こりゃ、島泊まりかな」菊池さんは気の滅入るようなことを平気で口にする。モーガンは次の波頭が遠いとみたある時、思い切りアクセルをふかし、ついに波と波の谷間に入った。

三時一〇分には外洋にいた。十分程度苦労したか、えらく長い時間に感じられた。モーガンはここで煙草に火をつけた。こちらはビールで乾盃だ。波は一ｍくらいあろうか、波と波の底に沈むと空がグンと遠くなる。サーファーならこんな景色はあたりまえだろう。何匹も飛び魚が水平に飛ぶ。弧を描く飛び魚は見たことがあるが、水平に一直線に消えて行く複数の魚影を見たのは初めてだ。さすが南海、桁がちがう。

ペリリュー島に近づく。もうリーフの内側で、モーターボートは水平に快速で走る。ビールの量が多くな

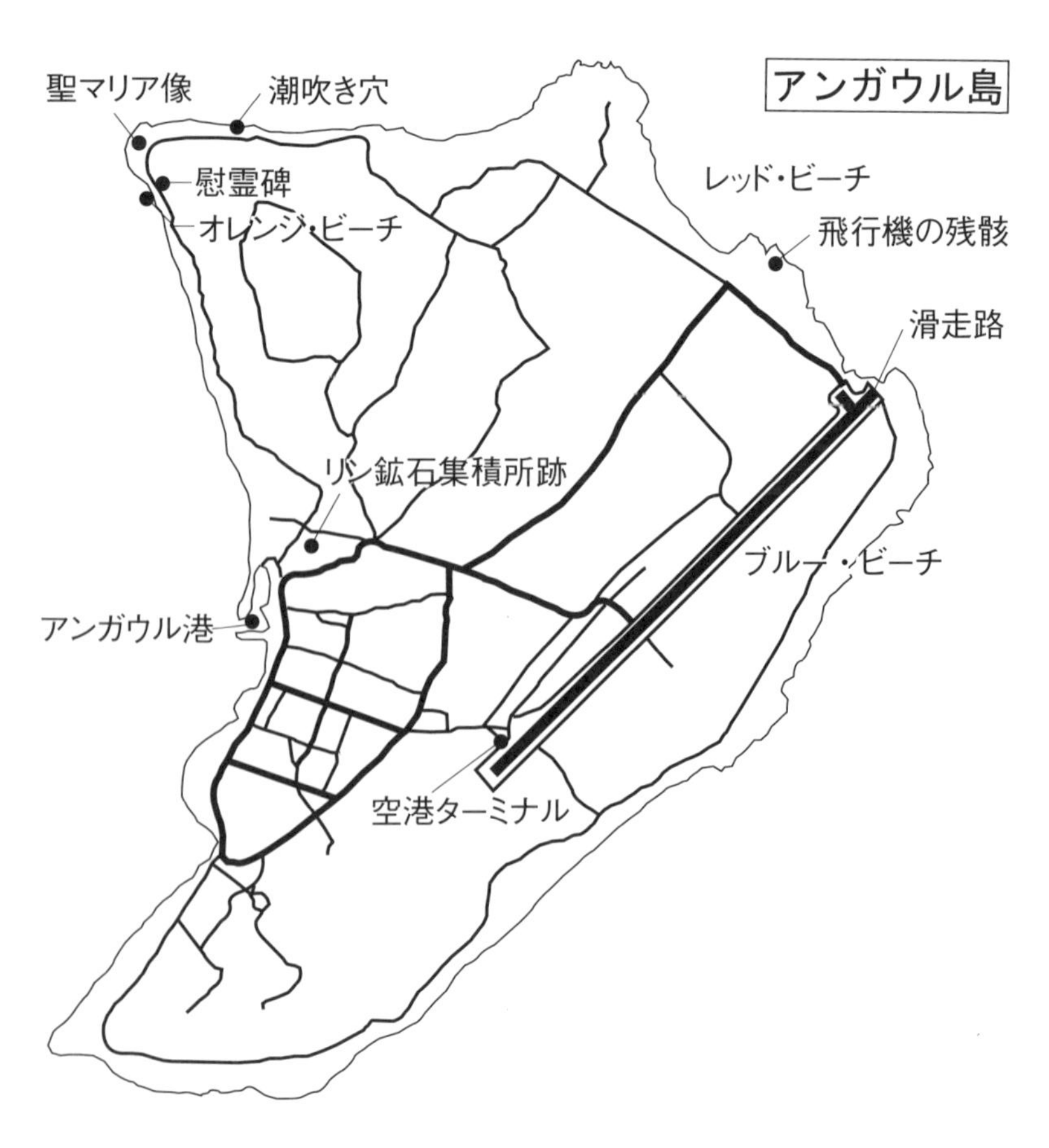

り、不覚にも私は寝入ったらしい。五時少し前にコロールに到着。私以外四人は、船上で楽しくやっていたようだ。

気になっていたアサヒ・フィールド（野球場）の裏にある日本軍の戦車を見学してホテルに入った。

アンガウル島には、戦争の遺物は多くなかった。ペリリュー島に比べると投入した兵士の数は少ないし、戦った日も半分もなかった。しかし、思いきって二日かけて両島を訪ねたということで、満足度は数倍も濃くなっていた。

パラオ共和国

第六章　コロール島

二〇〇七（平成十九）年
一月三十一日

制服の高校生　胸に国旗のマークを付けている

コロール島散歩

パラオの旅行社の小泉君と妻と三人でパラオの昔の首都コロールを歩いてみた。島の中央に広い道路が通っており、両側に商店や食堂、諸事務所が並び、パラオの繁華街となっている。米軍の「飛び石作戦」により、ペリリュー島、アンガウル島以外には軍隊の上陸はなかった。といっても、空襲はいつでもあった。しかし、すべてが消えてなくなったわけではなかった。

元病院の守衛用の小屋が入口左右に対であるあたりをうろうろする。従三位二等横田郷助の碑というのが、木の下に堂々と建てられている。どういう人なのだろうか。よく空襲で破壊されなかったものだ。家の横の歩道の上に防空壕への出入口の地上部がある。入口はトタン板で閉じられている。

元南洋庁庁舎〔一九二二（大正十一）年建設〕は堂々と建っていた。役目を終えてから、裁判所になったようだ。しかし、今は空き家になっている。パラオの首都はコロールだったが、人口二万人のうち、六五％がコロールに住んでいて過密になったという理由で、二〇〇六（平成十八）年十月一日の独立記念日を境にバベルダオブ島のマルキョクが新首都となった。従って官庁、大統領官邸などがマルキョクに移ってしまったか、移転中だ。しかし、ある人に言わせると、マルキョクは不便で、コロールより遠く、コロールに住む大部分の議員からは不満の声が上がっているという。再び、コロールに首都は戻るかもしれないということだった。

「パラオ公園」とがっちり彫り込んだ石柱があった。今は食堂やデパートが入っている。「ネコプ

コロール島　2007（平成19）年１月31日

6－1　防空壕出入口

6－2　「パラオ公園」と刻まれた石柱　今も健在

ラザ」という建物が建てられているこの公園は、日本時代街一の憩いの場だったのだろう。

車用の交通信号燈が丁字形の横の竿に二つ下っている。二つ共機能していない。作動させると交通渋滞になるからというが、なんと堪え性のないパラオ人か。あれだけゆっくり走っていれば、いつも渋滞しているようなものなのに。

元国会議事堂に行ってみる。でかい体育館のような建物だが、今は空らしい。隣接して、イスズの消防車の消防署があり、その横には、警察署と刑務所が一緒になった建物がある。模範囚が物を作り、中庭のギフトショップで売っているとか。

コロール島の北西にあるアラカベサン島に渡ってみる。二つの島を結ぶ橋は日本橋といい、一九三六（昭和十一）年に日本が造ったもので、西松建設が、後に舗装をしなおしている。島の中央部、海沿いにパラオ随一のホテル、パラオ・パシフィック・リゾートがある。その敷地内には旧日本軍の発電所が壊されないで保存されていた。近くには日本大使館があるという。島の入口はミューンス集落。ここには幅二十五m、長さ七十mの日本軍の水上飛行機用のランプがあり、ミューンス・スコージョウと呼ばれている。傾斜した先は海中に没している。ホテルの南側に、もう一つのランプがのこっているらしい。アラカベサン島は軍事基地だったのだ。

再びコロール島に戻り、パラオ水族館（パラオ国際サンゴ礁センター）に寄ってみる。日本とパラオの共同で二〇〇一（平成十三）年にオープン。マングローブ域、藻場、インリーフ、外洋、深海と環境別に魚類、珊瑚、甲殻類、貝類などを飼育、展示している。オウム貝、擬態の水槽などは珍しい部類だろうか。珊瑚の飼育にも成功している。珊瑚は世界に八百種類あるというが、パラオには四百種生息しているというから、すばらしい。マカラカル島内の汽水湖で見られる有名なタコクラゲ（ジェリーフィッシュ）をここで初めて見た。ここは研究施設で、研究者向けの宿泊施設もある。素人が見ても充分楽しめる水族館だ。

6－3　元南洋神社の石灯籠と太鼓橋　ミクロネシアの神社の総本山だった

更にコロールの奥に向かい、元南洋神社の跡地に雰囲気を味わいに行ってみた。ミクロネシアの神社の総本山がここにあったのだ。石灯籠と太鼓橋が残っているだけだが、六十年以上前に植えられた木が境内と思われる平地を埋めていた。コロールにしては珍しく人の姿はみかけない所だ。

パラオには二つの博物館がある。ベラウ・ナショナル・ミュージアムとエピソン・ミュージアムだ。小泉君の提案でエピソンに行くことにした。第五代パラオ大統領、ネコグループ創設者ニラッケル・エピソンを記念し、一九九九（平成十一）年に、息子が造った博物館だ。時代別、項目別に展示物は整理されており、パラオの歴史、風俗、文化がだいたいわかるようになっている。私は展示物には勿論興味はあるが、近い将来、小さいながら充実した博物館を造る予定だったので、分類法、展示の仕方、展示器具などに、より興味を持って見学した。

ホテルの食事と弁当だけではということだろうか、今日の昼食は、超豪華に街の食堂でということになっているらしい。中央の通りに面した四階建てのビルの一階にあるレストラン「富士」に入った。

コロールには日本人、台湾人の経営する食堂、居酒屋、カラオケボックスがたくさんある。そんな店に日本、台湾、フィリピン、韓国から若い女の子が、出稼ぎに来ているようだ。「富士」の本日の我々の担当は、フィリピンからの若い若い女の子たちだった。

この旅では、食いたい物を旅行社にリクエストしてあった。食事は魚貝・果物を中心に、椰子蟹、マングローブ蟹、コウモリのスープの三品は必ずどこかでと注文しておいた。すべて食べたことはないものばかりだ。

レストラン「富士」では、魚と貝が次々と出てきた。刺身で鮪、鰹、鯛、シャコ貝、煮魚でシューテンサワーフィッシュ（大皿一杯になる大きな魚）のあんかけ、名前のわからない魚の姿煮。そして出ましたねー、コウモリのスープが。最後にマングローブ蟹。両拳（こぶし）を並べたくらいの大きさで、色は真赤だ。小さい俎（まないた）と木槌付きだ。

コウモリスープとマングローブ蟹の話をしよう。コウモリは羽根を広げ「熱い」と叫びながら蒸された感じで、思いきり口を開き歯をむき出している。顔を見ていると申し訳無い気分になるので向こうに向けて、二～三回スープを啜（すす）ってみた。どうもっていう感じだったが、だんだん舌に馴れてきた。うまい、もう少し欲しいというところでスープはなくなった。何せ、初めてのスープだ。

旨味を徐々に感じ、飲んでいるうちに、働いていない味蕾（みらい）が活動したような、かって経験したことのない味だ。通の味とでもいえばいいのか。しかし、妻は「おいしいわね」とか言いながらすいすいとスープを口に運んでいた。ちがうものだ、人によって。

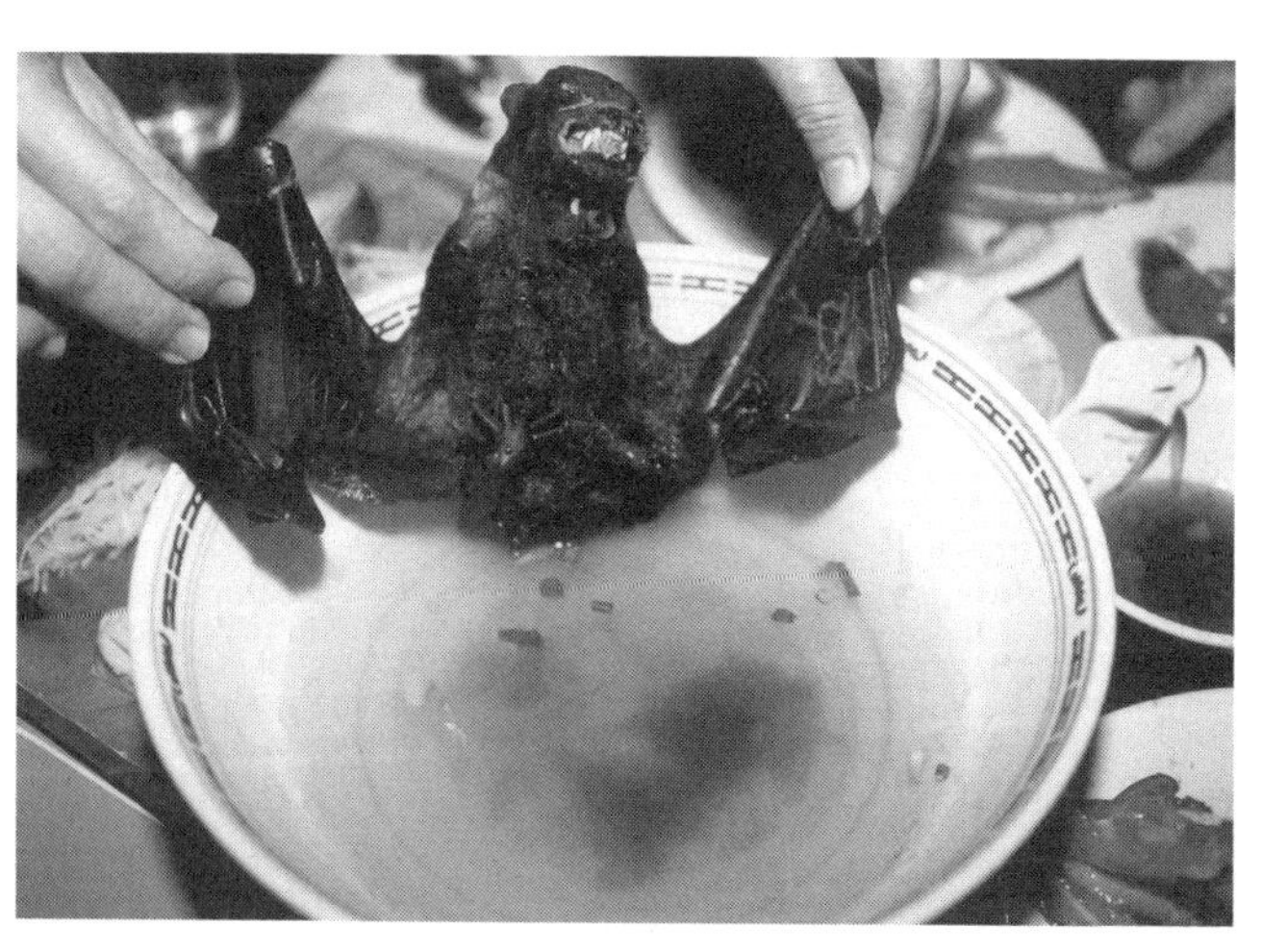

6－4　コウモリのスープ　力一杯歯をむきだした顔にしては美味なるもの

「肉も脳と胸がうまいですよ」小泉君が囁く。よしと私、ナイフとフォークを使って、又コウモリが叫びを上げやしないかとひやひやしながら、頭と胸部を開いた。フィリピンの女の子を呼び寄せて開いたコウモリを見せるとどうしたことか、二人共「キャー」と叫び厨房へ逃げて行ってしまった。そんなにショックかい、毎日見ているのに。食べてみた。脳はややレバー風、胸は肉の量が少なくてわからないとしておこう。

ところで、夢枕獏氏が、パラオでコウモリを食べた話が、新聞に載っていた。彼はちゃんとナイフとフォークを使って、翼と腹か胸を切り取ったようだ。この時にウエイトレスが逃げたとは書いてなかった。翼はゼラチン質、キクラゲのよう、肉は案外淡泊でうまいと書いてあった。感想は人それぞれだが、彼と同じようなマイナーな経験をしたということは、秘密を共有した悪がき同志になれたような気がした。

マングローブ蟹の方は、件のウエイトレスがやって来て、食べ方を教えてくれた。なんのことはない、俎の上に本体を乗せて木槌で叩くのだ。三人で割れたの、潰れたの、まだ力が足りないのだとか騒ぎながら、割れた甲羅や足から身を引き出し、ほおばった。これは文句なくうまい。

コウモリでは逃げた彼女たちも、今度はうしろに立って、"Oh, Nice"と叫び、喜びを共有してくれた。蟹にビールはよく合った。存続が危ぶまれる地ビール、ルースターを思いきり小泉君と飲んだ。いろいろの国に行くと、大手に押しやられ、今にも消え入りそうなローカルビールが時々ある。そんなのを捜し出して飲むのは楽しいものだ。弱小ビール会社へのささやかな応援もできる。ルースターのラベルは、最初にママさんに頼んでおいたので五枚持って来てくれた。

パラオの好ましい風習だと思ったのが、残った料理は、ウエイトレスがタッパーに詰めて持たせてくれたことだ。食べ物の節約から考えてもいい慣習だ。日本の田舎もそうだが、いつまでも続けて欲しい店側の好意だ。独身の小泉君だが、その包みを持って帰ってもらうことにした。小泉君は別れ際に、「コウモリの頭がうまいなんて冗談のつもりで言ったんですが、本当にやるとは」と言って頭をかいた。まあいいじゃないか、フィリピーナたちを少し驚かしたぐらいのことだもの。しかし、広い世の中には夢枕氏のような人もいるんだ。小泉君は、フラフラして帰って行った。

パラオの最後の夜、妻と二人で夜の町を歩いてみた。行きかう少女たちが実に明るく、人なつこく、好ましい。写真を撮らせてもらうと、笑顔で必ず「ありがとう」か"Thank you"と返事が帰って来る。同じ人間なのにイスラム系とは雲泥の差だ。あるグループに「何ていう名前?」と問ううちに、話はおもしろい方向へ向いていった。公園のベンチで、私の奢(おご)りのコーラで話ははずんだ。

ある少女が「私、サヨコ。父、キョウタ。母、ハナコ」と自己紹介をする。日本と変わらない名前だ。実は私の妻も佐代子だ。二人のサヨコは肩を組んで友だちになった。

おもしろいのは、日本語がパラオ語に溶け込んでいることだ。単純な文化であったその昔、話し言葉は三千の単語でよかったという。しかし、文明が進むにつれ、言葉はそれなりに増えた。その分は英語や日本語からきているようだ。特に戦時中に、日本語の単語は一千を越えてパラオ人に馴染んでいった。まず単語で、日用品では、フロシキ、ベントバコ、ハシ、エモンカケ、チチバンド、フンドシ等。言葉では、ショウガナイ、コノヤロ（コニヤロ）、ゴメンゴメン、モンダイナイ、ダイジョーブなどが普通に使われているようだ。おもしろいのには、アジダイジョーブ（＝美味しい）、ツカレナオース（＝おつかれさん、転じてビールでも飲みましょう）などがある。懐かしかったり、びっくりしたり。これは調べるとおもしろそうだ。

実りの多いパラオだった。飛行場があったというだけで、米軍の作戦上の邪魔物として抹殺されたペリリュー島とアンガウル島。必ず死ぬことがわかっていても、祖国の存続のために、将兵を配置せざるを得ない参謀たち。こんな理不尽にして不公平、残酷なことがあっていいものか。これが戦争というものだ。戦争は起こしてはいけない。絶対に戦争はしてはならない。

パラオの夜は平和に更けていった。

コロール島

ミクロネシア連邦

第七章
ヤップ島

二〇〇七（平成十九）年
二月一日

空向く大砲　磨けば玉が飛び出しそう

戦時中のヤップ島は

ヤップ島へ日本から行くには、グアムを経由して行く。グアムからは一時間半のフライト。島の広さは約百㎢、人口は一万千三百七十七人（二〇一〇年調べ）。現在はミクロネシア連邦のヤップ州となっている。州都はコロニア。ヤップ島は第一次世界大戦まではドイツ領で、ドイツ領ニューギニアと呼ばれていた。しかし、本国から遠く離れていたため、大した開発はされずに、まともな道路もなかった。宣教師と医師等が、わずか数十人住んでいただけだった。第一次世界大戦後、日本の委任統治領となり、インフラ整備がすすんだ。電気、水道、学校、病院などが充実した。日本本土との交通の便もよくなり、移住者も多くなった。

第二次世界大戦中（アジア・太平洋戦争中）、ヤップ島も例外なく、日本軍の基地となった。一九四三（昭和十八）年、南洋拓殖株式会社に委託して始まった軍事施設の建設（主に飛行場）に、いよいよ軍が加勢することになった。

一九四四（昭和十九）年二月十日、海軍第二十設営隊（石本中佐以下四百人）上陸。島民三千人は沿岸部から島の中央部に疎開させられた。想定されたマリアナでの戦いに備え、海軍千五百人、陸軍四千五百人が駐留。二本の滑走路もできあがる。

一九四四（昭和十九）年五月十日、零戦、彗星など海軍第二十二航空戦隊約五十機が配属される。

六月十五日、サイパンの米軍迎撃に出動。ヤップ帰還飛行機少数のみ。

七月七日、サイパン陥落。

七月二十五日～二十八日、米空母、巡洋艦、駆逐艦など二十隻以上ヤップ島をとり囲む。艦砲射撃と大型爆撃機Ｂ－24の編隊による爆撃がくり返された。日本軍は応戦して高射砲の弾もなくなってしまったという。

「飛び石作戦」でヤップ島には連合軍の上陸はなく、終戦まで島の体制は維持できたが、補給は一切なかった。兵士と島民は協力して、農業、漁業に努めた。

陸軍二百五十人、海軍九十四人の戦病死者を出している。ヤップ島上空で撃墜された米軍機四十三機（日本側記録）、アメリカの記録では三十七機となっている。

一九四五（昭和二十）年九月五日、降伏調印。

一九四六（昭和二十一）年二月、米軍に協力して、武器、弾薬の処理作業をした最後の残留作業部隊四百七十人帰国。

多数の死者や自殺者を出したサイパンとは対照的で、ヤップ司令部のタイムリーでバランス感覚ある決断は称賛されている。

その後、アメリカの信託統治領となって、一九八六（昭和六十一）年、ミクロネシア連邦に参加し、ヤップ州となった。平和な今日では、押し寄せる中国資本にどう対処するかが、ヤップの大きな課題の一つで、州知事は親中国資本派以外から選ぶようにし、外国資本を減らし、民間資本で島の自治権を守るよう努めている。サイパンのように物質文明に荒されることを拒否している。

ヤップ島の飛行機群

ミクロネシア連邦のヤップ島は、南洋諸島のパラオ、チュークとセットで訪れることにしていた。幸いパラオからはヤップへの直行便があった。便は夜中の一時五五分発のコンチネンタル航空だ。時間を無駄にしない点からみれば有難いが、ちょっと迷惑な時間帯だ。

コンチネンタルといえば〝大陸の〟という意味になるが、この辺には大陸はなく大洋ばかりだ。今回島から島へ渡るのはすべてコンチネンタル航空だ。そのうちでも、世界一すばらしい海の景色を見せてくれるというのが、このグアム―ハワイの赤道廻りの航路だという。グアム―チューク―ポンペイ―コスラエ―マジュロ―ハワイを一日で飛び、次の日は逆方向に一日かけて飛ぶ。便を逃した場合同方向へ行くには明後日になってしまう航路だ。特にお薦めは、チューク―マジュロ間で、環礁の上を行く。その海と波とリーフ、島の兼合わせが実に美しいといわれている。今回、ハワイまで飛んで日本へ帰れば問題はなかったが、予定がありポンペイで引き返すことになっている。いつか、グアム―ハワイの赤道廻りにトライしたいものだ。

ヤップに三時三五分に到着。一時間四十分のフライトだ。ほとんど人は乗っていなかったが、国際線ということで機内食は出された。

空港の手際の悪さで荷物検査に時間がかかってしまった。ホテルに着いたのは四時五〇分。パラオから来た連中は我々二人以外は全部アメリカ人だった。同じホテルのフロントの脇で、シュノーケルや酸素ボンベなどの具合を見て、安全を確かめている。チェックオーケーということで一団となってどこかへ消えてしまった。すべてダイビングの客だったのだ。我々のように、落ちた飛行機を見て、石貨に触り、ミーティングハウスで休んで……などという人はいないようだ。

ホテルはMANTA Ray Bayという名で、海に浮かべた船が食堂になっている。ちょっとまだ行動するには早すぎる。部屋で横になったら、すぐ寝入ってしまった。

八時に食堂の係員が、船の食堂に案内してくれた。朝から陽は強いが、風があり涼しく、気分は爽快だ。船上の朝食を済ませ部屋で待っていると、一〇時に、戦跡ツアーの用意ができたからとの知らせ。いよいよヤップ島での目的が達せられるのだ。年齢は三十代か、二人の男が、ガイドだと言い車に誘ってくれた。二人は当然ヤップ語を話すが、我々には英語で説明するらしい。

7－1　ヤップ島の速度制限の標識　24km/h　警笛はめったに鳴らさない

Commercial Area Slow 15MPH（二十四km／h）制限の標識が立っているように、まず車は前の車を追い越したりはしない。警笛は鳴らさない。この傾向はパラオも同じだった。後部座席に乗っているのは、毎日せわしく車を乗り回している日本人。勝手がちが

7－2　ジャーマンタワー　ドイツ時代の通信塔　銃弾の跡がすごい

う。「これだもんな」「日がくれるわね」とか、言ってもしょうがない不満が日本語で出てしまった。

ヤップの観光は（1）ダイビング、（2）フィッシング、（3）The War Tour の三つに分かれるらしい。（3）は奇人、変人の類に属するか。ヤップでは地上での戦闘がなかったので、慰霊ツアーは少ないだろう。それでもWarは少ない観光資源の一角を占めている。

家並が切れ、一面草の生えた平地に出ると、ガイドのヒヨさんが「ジャーマンタワー」と前方のコンクリートの四角い太い柱のような建物を指さした。ドイツ時代の通信塔の残骸で、銃弾の跡がついている。

「ジャーマンタワー」の後方にありました。破壊された飛行機群が。一、二、三、四……意外に多い。サイパンが陥落してからは、毎日のように米軍は爆撃に来たようだ。

一九四四（昭和十九）年七月十六日～二十四日まで、アメリカの重爆撃機B－24の編隊がやって来た。続いて二十五日～二十八日には、空母・戦艦による航空機からの爆撃、艦砲射撃が加わって、島は大被害を受けた。戦後、その傷んだ飛行機を、建設用機械でここに持って来たらしい。

プロペラとエンジン、主翼が揃った機体がある。主翼部分だけで前部と後部のない物もある。両翼が折れ曲り、塗装が落ち赤い地金の出た機、操縦席だけのものもあって、陳列には何のきまりもなく、目だつ部分のみを置いた感じだ。適当な間隔を開けて置いてあるので、歩くだけでも大変だ。まるで飛行機のスクラップ工場の様相を呈している。空に向く真赤に錆びた大砲も混っている。油で磨けば今でも玉は飛んで行きそうだ。

7－3　機首のない飛行機　機種は何だろう

この廃棄された機体の周辺は、明らかに人の手が入っている。背の高いやぶや木は無く、一様に草は刈られている。たまにある草の藪(やぶ)には、ウツボカヅラのような珍しい草が袋を下げて群生している。羊歯の類だけは勢い良く伸びている。慰霊の碑や、捧げた花束など一つも無いところをみると、来ている人はそう多いとは思えない。

少し離れた広場にも四機分の無念な姿になった残骸があった。中に入って立ち上れる程の高さの胴体があるかと思えば、操縦桿を操作できそうな操縦席だけのものも置いてある。

物珍しく次々と見ていったが、機種の説明板のようなものは何もない。ヒヨさんに聞くと"Sorry, I don't know"との答え。こうあってはいけないので、旅行社にはよくよく飛行機の機種ぐらいは判別できるガイドをつけてくれと申し込んでおいたのに。これだけの教材を眼の前にして、先生に"I don't know"と言われるのは悔しいし、惜しい。ある書籍によると、ここに放置されている機種は、九七式艦攻、一式陸攻、三菱六M零戦、中島B五N爆撃機、八八七五型対空砲と書いてあったが、どれがどれだか見当がつかない。私の勉強不足。もったいないことだ。

しかし、こうして置いてある物は、戦史・武器研究者には大切な物的証拠だ。なるべく永く保存してほしいものだ。できれば、屋根が欲しいところだ。

この飛行機群の中に、例外があった。コンチネンタル航空で使用されていたジェット機だ。不時着した時を限りに廃機にし、ここに引っ張ってきたのだという。不時着時に、死者、負傷者が無かったというから不幸中の幸いというところか。今までの機体は戦闘用、コンチネンタル機はジェット旅客機、楽に立ったまま中に入れる。エンジンの中の構造が見られるようにカバーが剝がしてある。

その奥にまだあった。ジェット機を囲む藪（やぶ）の奥に、木に引っ掛かるような恰好で赤っぽい色の、ややずんぐりした機体が置いてある。操縦席の計器は一つとして残っていない。マニアでも来て、はずしたのだろうか。

ヒヨさんらガイドは、連れて来てやったのだから良く見てね、とでも言いたそうに我々二人に丁寧に場所を示して"Here, Here"と誘導してくれる。"This type is colled……"と一言でいいから、説明して欲しいものだ。

運転を担当している彼はリチャードという。彼等二人はいつもビートルナッツを噛んでいる。あんた方二人は、神経に心地好い麻薬を楽しみながら"Sorry"を連発し、ニヤニヤしていればいいんだから。我々は彼等の息抜きに利用されているようなものだ。

7－4　カダイ村の石貨公園　巨大な石貨は人間の背を楽に越える

カダイ村の石貨公園に行ってみる。ヤップといえば石貨で有名だ。教科書でも見たことがある。公園のメイン道路には芝が植えられている。その道路の一方に石貨は一列に並べられていた。石貨はヤップ語でライという。小さいので直径三十cm、中型で六十cm～一m、大きいもので三mくらいのものがある。五百km離れたパラオに石切り場ができているのだそうだ。結晶質石灰岩という石でがあり、最後はシャコ貝で成形され、ビンロウジュの幹を真ん中の穴に入れて担ぎ、パラオから筏で運んでくるのだという。価値は色、形、取り扱いの中で犠牲になった人の数で決まるというから恐ろしい。

冠婚葬祭の儀礼的贈答品、不動産売買などに使われ、物の交換では、あのパンの木何本と交換しようと約束した時に所有権が変わっていくらしい。骨董貨幣としても人気があるようだ。置く場所は、ほとんど変わらない。経済的には石貨は貨幣と見做さないとするのが主流だが、貨幣として流通したとする日本国内の文献もあるという。

一八七二（明治五）年から一九〇一（明治三十四）年にかけて、アイルランド系アメリカ人のデービッド・ディーン・オキーフがパラオで石を機械で切り出し、機帆船でヤップに石貨を持ち込んだことがあった。彼は、かなり稼いだらしいが、価値は従来の物の方が上だという。

三月には、この公園で大きなフェスティバルが開催されるそうだ。レイを首に掛けたトップレスの美女達が踊るということだが、パプアニューギニアのシンシン大会のようだったら見に来てもいいと思う。パプアニューギニアのシンシンは、とにかく世界一迫力がある。

ところで、ビートルナッツってわかりますか。嗜好品といえば、日本では酒と煙草というところでしょうか。イエメンにはカートという気違いじみた物もあるが、このビートルナッツというのは、広く太平洋、東南アジアで、熱狂的に愛用されているものだ。飽きずに口にするのは煙草と似ているが、紙巻き煙草などと比べると、とにかく安い。ビルマ、台湾でも見たが、断然太平洋の熱帯地方で多く利用されている。パプアニューギニアでは、ほとんどの成人男性は噛んでいて、赤い汁を口の外へ吐き出す。ちょっとした集団がいると地面が真っ赤になり、ぎょっとしたこともあった。ホテルや空港では禁止のマークを出している。食べるとちょっと渋く、苦辛い微妙な味で、長く噛んでいると、酔いが廻って来る。体調により効いたり、効かなかったりしたものだ。

使用する基本は、（1）檳榔樹（ビンロウジュ）の実、（2）魔法の木の葉（国、場所により異なる)、(3) たいていは珊瑚の粉であって、この三種を混ぜて口に入れる。ヤップでは (1) を Bew、(2) を Gubuy、(3) を Watch〔watchi〕と呼ぶ。パラオでは (1) を Tet、(2) を Kebui と言う。ヤップの特徴は、この三点を携帯用のバッグに入れ、大切に持ち歩くことだ。これを盗みでもしたら殺されかねない雰囲気だ。

持ち歩くのでユニークなのは、アルゼンチンのマテ茶セット。このセットは、茶の葉入れ、湯を入れたポット、茶を入れる容器、飲む器具(ボンビージャ)とちょっと大袈裟になるが、いい大人がボンビージャを差し込んだ容器を、男女、年齢に関係なく廻し飲みをする。潔癖な日本人にはできにくい作法だ。

世界は広い。いろいろの嗜好品があるものだ。イエメンのカートのように問題の出てくるものもある。隣のサウジアラビアでは禁止となっている。イエメンでは、コーヒーなどの農園がカート畑になってしまう。なにせ若い芽が出れば金になるのだから、カートの木ほど、金になる木はないのだ。だから名産のモカコーヒーの生産は減っているという。男は朝仕事に出る前に、まずカートを捜し廻る。気に入ったカートが手に入れば一日がハッピーとなる。カートにはカチノンという成分があり、噛んで汁を吸って、覚醒作用を楽しむものだが、噛んでみたがただ昔食べたカエデの葉ほどうまいものではなかった。彼らは何枚も噛んで頬に溜める。男たちが頬を膨らしているのは、異様で滑稽だ。昼すぎはカートパーティになるという。カートを自参し皆で食べ合う。それに加わらないと仲間はずれになるというから、仕事などどうなっているのだろう。二〇二〇年代、イエメンは内戦中だ。それでもカートの需要に変化はないという。

7-5　カダイ村のミーティングハウス　石貨は背もたれに利用する

ヤップの飛行場を見下ろす丘に出た。小さな空港だ。今朝三時半に到着し、明日早朝三時に飛びたつ飛行場だ。周囲にはタコの木が一面に繁り、島を囲むリーフが熱帯の陽の下に光って見える。

きれいなミーティングハウスがあるというので寄ってみる。パラオのバイと同じ役目をしている。村の集会場であり、青年が女を知る場所でもある。ヤップ特産のマホガニーの大木が重要な木組みに使われている。屋根は椰子の葉で葺かれ釘は一本も使われていない。装飾はパラオより地味だ。ハウスの周囲には石貨があり、座ってよりかかってもいいそうだ。

集落に通じる石畳の道を歩いてみる。村人総出で補修する道だという。道の両側は一面の草で、暑さはあまり感じない。道の先に海があった。砂浜が続いている。椰子の木が並木のように立っている。たぶん植樹したものだろう。Village View Resort という公園で昼食となった。

水平線には、白い線を引いたように波が立っている。ヤップの大きい四つの島は、すべて珊瑚礁に囲まれている。水平線は白いというのがヤップの常識だ。

昼食は、ジャガイモのサラダ、鶏のカラアゲ、飯、パン、ミネラルウォーターと簡単なものだった。いつの間にか、犬が三匹、座っているベンチに寄って来た。犬同志喧嘩をするでもなし、肉が欲しいと吠えるわけでもない。飼い犬のように行儀良く座って我々の顔を見上げている。肉を与えないわけにはいかない。半分は自分の口へ、半分は犬の口へと消えた。四人が与えたからか、小食な犬は、腹一杯になったようだ。一番近い所にある椰子の木の根元にそれぞれが入るための穴を掘り始めた。からだが半分程埋まるくらいの穴に、犬は腹這いになって眠ってしまった。熱帯の犬は皆こうなのか、初めて知った。

7-6　ベチヤル村　鎮魂の碑　「岡山歩兵第一」以下不明

Bechiyalという村で、「鎮魂」と彫った慰霊碑らしき石碑をみつけた。「岡山歩兵第一……」以下石が割れて無いので全容はわからない。こういう碑はたくさんはないだろう。

Bechiyal村は島の最北端。美しいミーティングハウスがあるというので寄ってみることにした。やはりここにも石貨はあった。

爆撃を受けて焦げた飛行機は十機分以上はあっただろう。その機種名が不明のままというのは返す返すも残念だ。「猫に小判」とはこういうことか。写真にはばっちりと収めたが、一応旅行社にはクレームだ。しかし、あれだけこまかく、残骸から残骸へ連れて行ってくれたI don't know boysのヒヨさんとリチャードさんに感謝しなくてはならない。

ゆっくり走る車で、ホテルに帰る。やっと仕事場に着いたような顔をして、二人はどこかへ消えていった。街を散歩し、スーパーマーケットに入ってみたりして時を過ごし、午前三時の便でグアムに飛んだ。グアムの空港で、唯一軒だけ煙草の吸える喫茶〝クリッパー〟にもぐり込み、チュークへの便を待った。考えられない不規則なここ数日だが、われわれ二人共どこにも異常はないようだ。

ヤップ島　2007(平成19)年２月１日

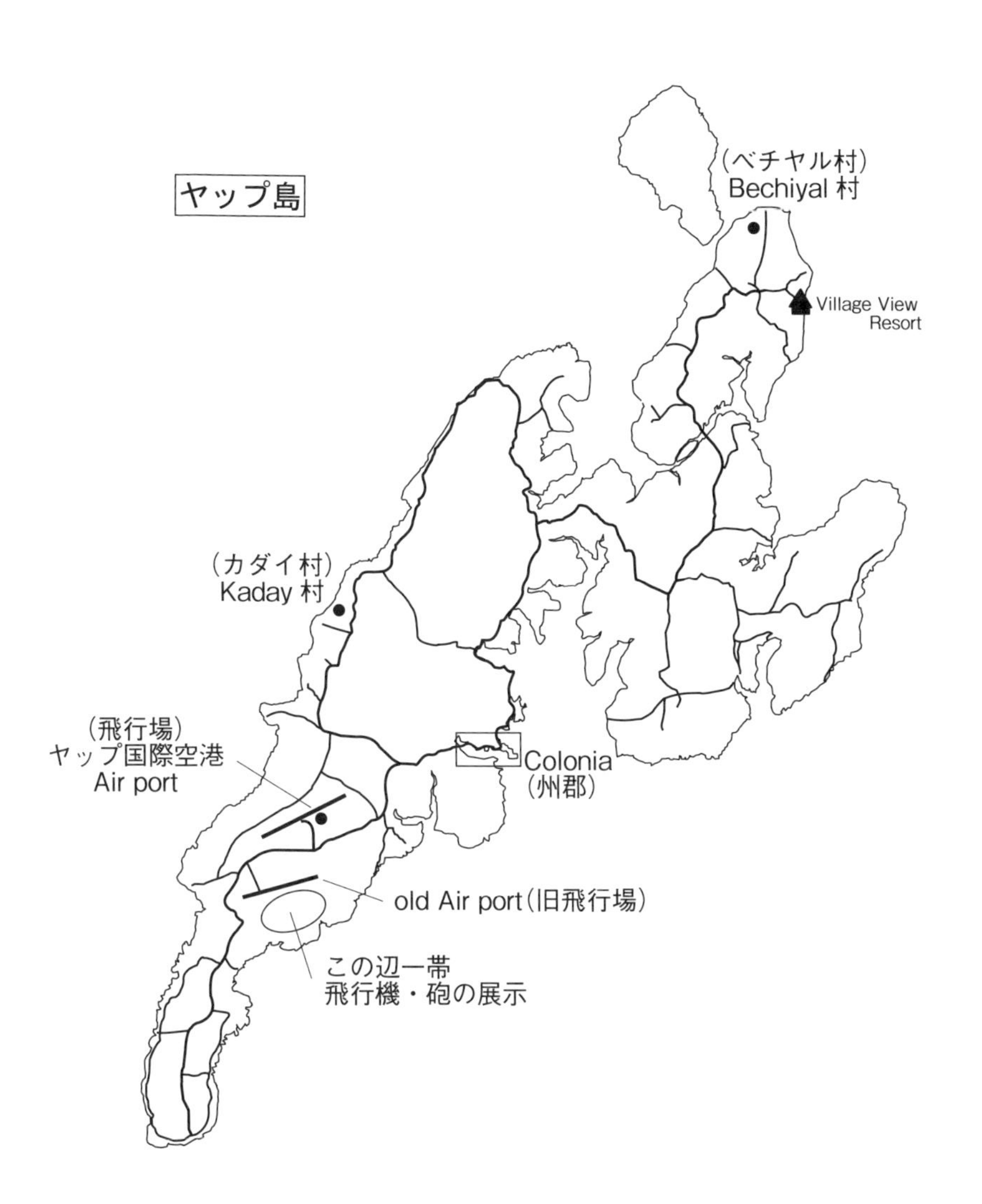

ミクロネシア連邦

第八章
チューク諸島（トラック諸島）

二〇〇七（平成十九）年
二月二日〜五日

旧公学校の写真
毎日国旗を掲げ　皇居に向かって遙拝をした

トラック戦史

話はヤップ島から始めましょう。

ヤップ島からチュークへの直行便はないので、一旦グアムへ行き、そこからチュークに飛ぶことになった。ヤップ午前三時三〇分発グアム四時四六分着。グアムでは喫茶「クリッパー」で、チュークの便まで仮眠をする。さてここから話は昔に遡って行くので、チュークではなく、トラック、トラック諸島として話をすすめましょう。

グアム八時二三分離陸、トラック九時五六分到着。一時間三十三分のフライトだった。航空会社はコンチネンタル。搭乗機はボーイング七三七　八〇〇／九〇〇だ。

トラックのホテルは「ブルーラグーン」、南洋らしいネーミングだ。広い敷地の中の海端にある二階建てのホテルで、全室シービューだ。五年前まではコンチネンタル航空の経営だったそうだ。

トラックはカロリン諸島の主島で、一周二百㎞、直径六十㎞の世界最大の珊瑚礁・ラグーン内にある火山島群からなり、二四八もの島が存在する。現在はミクロネシア連邦のチューク州に属し、州都は春島のウエノとなっている。

トラック戦の略史は以下のようだ。

第一次世界大戦後、国際連盟決議により、赤道以北の内南洋諸島が日本の委任統治領となる。トラックに一九二二（大正十一）年に南洋庁の支庁が置かれた。その後、一九三三（昭和八）年三月、日本は国際連盟を脱退し、一九三四（昭和九）年十二月、ワシントン軍縮条約を破棄し、一九三六（昭和十一）年一月、ロンドン軍縮条約を脱退し、外交上の変化により、基地の整備が推進され、トラックは戦略上の要衝となった。一九三八（昭和十三）年当時のトラック支庁の人口は一万七千五百五十五人。当事の中心地夏島には日本人千七百六十六人、現地人千二百六十三人が住んでいた。一九三九（昭和十四）年、図南報告隊を導入する。以後続々と導入された。これは労働使役のため連れてこられた囚人達だった。

一九三九（昭和十四）年十一月十五日、第四艦隊編成（基地パラオ）。一九四一（昭和十六）年七月五日、第四艦隊司令部、トラックへ移動。司令官井上成美。トラックはフィリピンと真珠湾を結ぶ線上にあり、「日本の真珠湾」「東洋のジブラルタル」と呼ばれ、海軍の一大拠点となった。

一九四一（昭和十六）年十月　第二四航空戦隊を第四艦隊に編入。

一九四二（昭和十七）年二月八日　第一航空戦隊（加賀、赤城）第二航空戦隊（蒼龍、飛龍）空母四隻編入。

一九四二（昭和十七）年二月～四月　春島飛行場建設に報国隊導入。

一九四二（昭和十七）年　水上基地できる。

一九四二（昭和十七）年五月一日　第五航空戦隊（瑞鶴、翔鶴）ポートモレスビー作戦のため、トラック出発。

一九四二（昭和十七）年五月七日～八日　珊瑚海海戦。世界初の空母艦隊同志の海戦となる。

一九四二（昭和十七）年六月五日　ミッドウェー海戦。空母四隻失う（加賀、赤城、蒼龍、飛龍）。

一九四二（昭和十七）年八月二十八日　連合艦隊司令部、トラック進出。司令長官山本五十六。

一九四二（昭和十七）年十一月十四日　空母機動部隊トラックへ入港。

一九四三（昭和十八）年一月　陸上基地できる。

一九四三（昭和十八）年四月十八日　山本五十六、ブーゲンビル島上空で撃墜され死亡。

一九四四（昭和十九）年二月十日　古賀峯一旗艦「武蔵」と共にトラックを去る。

一九四四（昭和十九）年二月十七日～十八日　米機動部隊、夏島を中心に大空襲。戦艦四十三隻沈没。五十二隻損傷、航空機二百七十機損失。五飛行場破壊。基地機能失う。避難が遅れた徴用商船、特務艦艇などの支援艦船、ほとんど沈められる。米軍上陸はなし。

一九四四（昭和十九）年七月七日　サイパン陥落。以後補給路断たれ、駐留部隊は自給自足。

トラック、春島

トラックでの行動は、すべて末永卓幸さん夫妻の指示に従うことにした。末永さんは対馬出身で五七歳、トラックに来て三十五年。奥さんは四日市市出身、トラックには二十五年いるという。二人でトラックに来る日本人のあらゆる事の手配をしている。

トラックの人口は六万人ほど。ただし、三万人はアメリカに働きに行っているという。アメリカでは自由に働け、島にいるより十倍は稼げるらしい。現在、春島が中心で二万八千人が住んでいる。そのうちフィリピン人が四百人、日本人は十二～十三人（確実には九人）が生活しているという。

国家予算はすべてアメリカから支給される資金で決まる。現金はサラリーと少ない年金、商売の収入と出稼ぎの金が動くのみ。税金はサラリーマンの所得税と商売の五％の物品税だけで、いくら稼いでもいいらしい。住民税は無いが、土地はすべて個人の所有で、学校も官庁も下の土地は個人のもので、下手に土地に入って行くと、どなられたり、莫大な罰金を請求されてびっくりするという。土地所有のシステムは複雑で、良くわからない。

トラック諸島には、すべて日本名が付けられていた。

春島……モエン、ウエノ、ワーロ　現在の中心地

夏島……デュプロン、トロアス　昔の中心地（都落）

秋島……フエフエン　冬島……ウーマン

月曜島……ウドット　火曜島……ファラベケッド　水曜島……トル

木曜島……パタ　金曜島……ポレ　土曜島……オノムエ

日曜島……ロマナム

よく名付けたものだ。

ホテルのある場所は、旧日本海軍の水上飛行艇の基地のあった所で、たくさんの石とコンクリートで造った四角いトーチカがあり、黒い口をあけている。海に半分浸かっているものもある。

ホテルの売店に、関係する人が見ると気に障る物が売られていた。今いる春島から南に夏島が見える。その夏島の南の海域には、旧日本軍の船艦や飛行機が多数沈んでいる。その船艦の沈んだ場

8－1　春島　ホテルの周辺にあるトーチカ

所を記した地図、沈没した船の絵葉書が、ガラスケースの中にある。土産物として売られているのだ。ビデオもある。これでいいのだろうか。それら船舶はすべて調査され、遺骨も回収されているのだろうか。新聞によるとまだ未回収の遺骨が残っているということだった。本来日本領の硫黄島でさえ思うように事は運んでいないのだ。油が漏れる汚染の問題もあるが、遊び半分のダイバーを聖域に侵入させて良いものだろうか。決して良いことではないと思う。勝手な娯楽と金儲けのために、日本人の英霊が利用されているのを見ているのはつらいものだ。

　昼食となった。スキヤキと寿司だったが、たいしてうまくない。味噌汁はインスタントっぽい。ならばステーキでも出してくれた方がありがたかった。あるいは、トラックの魚貝でよかった。日本人だからといって、日本食にこだわることはないのに。

　昼すぎ、末永の奥さんと春島を散歩する。日本時代の井戸で、子沢山の女性たちが、衣類の洗濯をしている。井戸の掃除などしないので、水位は皆低くなっているという。水道は朝一時間のみ使

8－2　図南報告隊員の墓　囚人が労働使役のため、つれてこられた

用可能、あとは井戸か天水を使うのだそうだ。電気は火力とか。家はよくみる高床式ほど高くない土台の上に建てた平屋で、屋根はトタンを置いただけ。台風はないようだ。個室などなく、大広間だけの家が多い。飯は朝作り、食べたい時に、各自勝手に食べる。他人の子供が来て食べても特に文句は言わないそうだ。大家族で暮らしていて、だいたい十～二十人になるらしい。未婚で子供がいるのはあたりまえというからびっくりする。住民登録はなく、教会や病院で出生の証明書をもらうだけだという。なんとアバウトな。

図南報国隊員の墓があった。服役中の囚人の墓だ。報国隊は青い服を着せられていたので、青隊と呼ばれた。一九三九（昭和十四）年、労働力不足のため、横浜刑務所より囚人を連れて来たのが初めてで、一九四一（昭和十六）年十月、テニアンの受刑者九十八人導入。第三次約三百人、第四次約四百人、第五次約五百人と続いた。よくも揃えたものだ。報国隊は主に飛行場建設に従事し、約二千七百人になった。生き延びられたのは一割程度だったというからひどいものだ。食糧の配給が足りないとかの陳情の先頭に立ち、憲兵に

8－3　パンの木の実　主食の一つ　クワ科ポリネシア原産

ひっぱられたような人も含まれていたという。待遇は最低で、管理人にさえ殺されたというから惨めな話だ。

市場に行ってみた。パンの実が木の葉にくるまれて売っている。新しいパンは青い葉で、古いパンは茶色の葉でくるんである。パンの実は初め新しい物を食べる。古いパン、古パンとは保存するため、地中に埋める。そして新しいパンが終わったあとに食べる保存食だ。こうすると長い間パンの実が食べられるという仕組になっている。が古パンは糞の臭いがして末永さんの奥さんは食べられない、もし食べると下痢になるという。

物価は高いようだ。グアム、サイパン、ハワイの方が安いので、出稼ぎの帰りや旅に出たりしたら、大量に物を持ち帰るのが、習慣になっているようだ。

イランイランの頭飾りや首飾り、レンブの首飾りなど、装飾品も売っている。ココナツはホテルでは一ヶ一ドルで売っていたが、いくらだろうか、値札は付いていない。魚は鰹が多く獲れるようだ。

パラオもそうだったが、ミクロネシアの自動車の九〇％は日本車だ。右ハンドルはそのまま、書かれた文字もそのまま、飾りくらいに思っているのだろう。書かれた文字は「神戸市道路維持作業車建設局」とある。例の黄色の小型トラックだ。

山の上のザビエル高校に行ってみる。キリスト教系の私立学校で、パラオからマーシャルまでの学生が受験するという。千人中四十〜五十人しか入学できない超優秀高校のようだ。男子は全員寮に入り、女子はホームステイする。ミクロネシアの学校は八、四制で無料の義務教育。しかし、校舎はぼろぼろ、昼までの授業、金がないので給食はなし。子供が多いため春島だけで八年期学校は六校もあるそうだ。

ザビエル高校は、昔、馬淵建設が冷凍保存施設として建設した。それを日本軍が通信隊施設として買収した。そして戦後高等学校になった。地元の人はここら辺を今でもマブチと呼んでいる。今日二月二日は入学試験の日だった。アメリカ人の女性の先生は、すごい美人だった。通信塔は三本あり、その基礎だけが残っていた。校舎の一階から二階に昇る階段の踊り場に戦闘の絵が描かれている。絵には日本軍が描かれているのはわかるが、何を意味しているのかわからない。

今日は、トラックで三段跳びで言えばホップした日。夜、末永夫妻とホテルで夜の更けるまで話をした。トラック州はミクロネシアで唯一の禁酒の州で、警察は酔払いのためだけにあるようなものらしい。トラックには三種の神木があるという。一つは喧嘩棒。喧嘩の時に振り回す。二つ目は夜這棒。一・五〜一・八ｍの長さで先が舟の櫂のように平らたくなっていて、そこに鋸のような歯が付いている。夜這の時に女の髪の毛に巻きつけて引っぱる。ＯＫなら女が棒を引くのだという。三つ目、鍛え棒。シンボルを板の上でたたいて鍛えるのに使う。ちょっと使わせてもらいたいし、一本欲しいものだ。夜這棒の使える所に連れて行ってくれと末永さんに提案したが「だめだめ、島が良くなって日本に帰れなくなるよ」と軽く往なされてしまった。明日のステップは、ちょっと力を抜いて自由行動とし、明後日、最後のジャンプで、夏島に渡り、力を出しきることにした。

二月三日

春島のメインの通りを歩いていると、歳は十代と思われる女の子が、山の上を指差し、一緒に山に登ろうという。彼女は動作だけで英語がうまくしゃべれない。時間もあることだし、行ってみよう。たかが丘くらいと思っていたが、小さな山とはいえ、登るのは、かなり苦しい。尾根に着くと、春島と夏島の間の水道が目の前に展がる。ここに「大和」「武蔵」の巨大戦艦が錨を下ろしたのかと思うと胸が熱くなってきた。やはり、自分も日本男子の端くれなのだ。「大和」の吃水は十・八六m（以前の最深は「長門」クラスで七・一五m）。リーフの中とはいえ、深さは十分あるのだ。連合艦隊は何隻ここに集ったのだろう。壮観だったことが想像できる。リーフのこの水道への入口を警固するだけで、他国の船は入れない安全な碇泊地だったのだ。

こんな山の上に水の流れる川があり、中年の女性や子供たち十人程が、かつぎ上げられるだけの洗濯物を持ち上げ、にぎやかに話をしながら洗い物をしている。もっと上流に貯水池でもあるのかもしれない。犬も御主人様の横に控えている。夏島へ行くモーターボートが、白い波跡を残しながら一直線に水道を渡って行った。

道を歩いていると人が寄って来て、物をくれる。たいていマンゴーをくれる。青いマンゴーだが甘い。まるで托鉢する僧のようだ。かじりながらホテルに帰った。

ホテルのすぐ横に、ちょっとした魚養殖用の囲いがあった。中の魚は餌付けされている。餌をやると、鰹のすばしっこさが抜群だ。海亀が迷い込んでいたのにはびっくりした。さっぱり人を恐れない。その先に干潮になると現れる砂洲がある。今は干潮なのだろう、百ｍくらい先まで細長い砂の山が続いている。この旅で四度目の砂を拾った。これで砂の重さは五kgくらいになっただろうか。砂のコレクションはもう百種を超えている。

トラックの食べ物をホテルのママさんに聞いてみる。植物系ではタロイモ、パンの木の実、タピオカ、バナナ、パパイヤ、マンゴーなどを食べる。食べないのは、ウナギ、ウツボ、サメで、茸はおばけの耳といってだめ。ただシイタケとマッシュルームはフィリピン人が食べるとか。

ホテルのバルコニーから海は二十ｍほどのところにある。潜らないアメリカからの老人は、日がなデッキチェアに寝転んでいる。ほんの三十分程だが、老人と同じように横になってみた。目の前をカヌー、モーターボート、ダイバーの宿泊船、泳ぐ子供たち、ピクニックの中年の女性群、鳥、犬、猫……いろいろな人や動物、物が通り過ぎて行った。一日中眺めていても飽きないわけだ。しかし、昨日も今日も期待していた夕焼けには出会えなかった。

文明から原始へ、夏島

二月四日

夏島（デュプロン島）に渡る日だ。戦時中の中心地に向かう一日が始まった。何があるのか楽しみだ。

モーターボートは全速で夏島に向かう。行程の四分の一も行かないうちに、道とも言えない石積

8-4　水桟橋　艦船に水を送る装置　春島のダムより水を引く

8-5　戦艦「武蔵」のブイ　直径3m以上　風であちこち移動するようだ

みの細長い構造物につき当たった。春島から来ている水桟橋だ。戦艦、輸送船に水を送る装置だ。ここら辺は降水量年三千五百㎜で、春島にダムはいくつもある。そこから鉄管でここまで水を引いているのだ。春島には六門の高射砲と共にダムは健在らしい。水桟橋の次はブイだ。戦艦「武蔵」を繋いでおいたもので、直径三m以上はある。海鳥の海上の留まり木の役目をしているらしく、白い糞が縞模様になってこびり付いている。ブイは強い風で移動し、一定の場所にはいないようだ。

一〇時四〇分、一時間かかって夏島に上陸することになった。島一周道路は、海に沿っているが、舗装はされていない。道の両側は椰子の並木になっている。一九四四（昭和十九）年二月十七日～十八日の大空襲の後に植えた椰子だろう。それから六十年、よく育ったものだ。しかし、夏島でも浜や無人島も個人の所有で、立入り、遊泳は厳禁ということだ。ひどい人になると突然罰金、問答無用とくるので、うかうかしていられないそうだ。

車はそんなに走っていない。が、人は歩いている。特に若い女性が多く、すれちがうのが楽しい。肌は明るいブラウンで健康的だ。三割は日本の血が混じっているというが、本当だろうか。明らかにパプアニューギニアやソロモンとは全然人種が異なっている。

施設本部という所に、まず寄ってみる。七十五歳のレイ・キコさんが地主だそうだ。子供、孫と十人程で、庭に座って、蒸したタピオカを食べている。入場は有料ということだったが請求はない。日本人は無料かなと勝手に決めて、階段を上ったり、井戸を覗いたりしていると、娘さんが近づいてきた。罰金か？ と思っていたら、タピオカを差し出し食えという。一人に一本ずつだ。腹もすいていたので食べてみると、薩摩芋ほどではないが甘く、食えた。罰金どころか、入場無料で歓迎までしてもらえた。写真も気持よく撮らせてくれた。庭で堂々と大麻を育てているのにはびっくり。いいのかな?

旧台湾銀行は無傷で残っていた。後部のコンクリート部分は金庫室だったそうだ。前に置いてあるレールは、島に鉄道を敷く予定で、用意したものだという。

艦隊司令本部跡に行ってみる。入場料一人一ドルだ。入口前の車のロータリーは理解できるが、あとは一面の草だ。何も手を入れてない。建物の跡は四角いコンクリートブロックの土台だけで、上屋は何も無い。これが有料かと疑問を感じる。

私は提案したい。島全体を博物館として、上陸時に入場料は一括して払う。その方が、びくびくするよりすっきりする。そのかわり、説明板を要所に建て、草は除去する……ということを島で実行して欲しい。そんなことはすぐできることだし、住民にとって好ましいことだと思うが、どうだろう。

巨大な水タンクは今も現役らしい。洗濯、炊事用に使ったあとが残っている。トラックに来てから、シャワー、風呂という話は聞いていないが、その方は皆どうしているのだろう。

昔の検問所の跡を通り、山に入る。横断して夏島の南側に出てみようということになった。山の名前は「艦隊山」だ。山に入るとすぐ防空壕があった。将校用だという。防空壕にも兵士用と将校用があるということは知らなかった。緊急時に、ここへ兵士が避難したら追い出されるのだろうか。もし、そうならたまったもんじゃない。裏に廻ると抜け穴用に縦穴があった。昔はこの縦穴から内部に入れたそうだが、今は泥でふさがっていて入れなくなっていた。幸いなことに将校用の防空壕の近くに兵士用の防空壕はあった。兵士用防空壕はH型の真中にもう一本棒を引いたかっこうをしている（卌形）。コンクリートのがっちりしたもので、銃眼もついている。これなら小さな爆弾が落ちても大丈夫だろう。

この山には通れそうな道が何本かあり、子供連れの婦人に出会ったりもした。そして案外簡単に南側に出てしまった。熱帯での山登りと構えていたが、山の中は思ったより涼しくくたびれた思いはしなかった。

下りた先に家が何軒かあった。緑と黒で塗り分けた大きな家だ。ここは、元兵士用の慰安所のあった所だという。家は建て替えてあるが、土台はそのままだそうだ。これにも将校用と兵士用があり、トラック人など近寄れなかったらしい。「突撃一番」と封筒に入ったコンドームを胸に抱きここに並んだかと思うと悲しくもあり、滑稽にも思える。用事のない兵もいて、コンドームにプレミアムがついた。最初は煙草一箱が、酒一升へと加熱したというからすさまじい話だ。

この集落へ来る道に橋が掛かっている。橋の名は当時「ちょんちょん橋」と呼んだ。「春来橋」とでも呼べば趣があろうに「ちょんちょん」とはいただけない。

旧公学校に着く。現在はデュプロン島の役所として使われている。白い鋼板の二層の屋根が、熱い陽の光を跳ね返している。人は働いているのだろうが、物音一つしない。一対の石の門柱が昔のまま立っている。学校の跡を何カ所か見て来たが校舎は無くとも門柱だけは残っていたのが多かった。敷地内に昔の公学校の写真が飾ってあった。屋根のデザインは昔も今も変わっていない。校庭に生徒が整列して、国旗を掲揚し、皇居遥拝をしている。これが毎日の行事だったのだ。

8－6　トラック島　旧公学校跡　現在はデュプソロン島の役場　昔山の手町と呼ばれ、官庁がすべて揃っていた　左は大きくなったマンゴーの木

8-7　戦争の生き証人　ルーカス・メジェンさん（81歳）左側　しきりに昔を懐かしんでいた　右側末永さん

夏島には高松宮が二度訪れている。一回目は昭和六年のことで、トラック公園にタマナ、マンゴーや綿を植えられた。二回目は昭和十三年、この公学校にマンゴーの木を植えられた。七十年たち、マンゴーは大木になっていた。

末永さんは、昔の夏島に詳しいルーカス・メジェンさんをここに呼んでおいてくれた。八十一歳、野球帽を被った小柄な老人だ。戦争時代のことを聞くと、何でも答えてくれた。当時、学校は五年制で、彼は三年でやめて働きに出ている。海軍港務所で働き、大発や作業船に乗る仕事をしていた。「戦艦『大和』に用事で乗船した時は、あまりに甲板が広いので自転車で走り廻り、ついに迷子になってしまった」と昔を懐かしんでいた。「大和」も「武蔵」も都洛(トラック)に錨を下していた時に、何度も見て、その度に日本は戦争に勝つと単純に思っていたという。

公学校のすぐ横のトラック公園には、宮様の植えられたタマナが大木になっていた。この公園で五部落対抗の運動会が毎年開催された。競技には賞金が掛かっていたので、大人も子供もそれは真剣だったそうだ。そして、パラオに似て運動会に関する単語がチューク語に加わった。ヨーイドン、イットウショウ、ムカデ、ホウガンナゲ、コンゴーリレー、ウンパンなどがチューク語に移行したという。

トラック公園には碑が建っており「御即位記念トシテ此園を開ク　大正四年十一月十日　東郷吉太郎」とある。即位とは大正天皇のことだろう。東郷は、トラックの最初の司令官で『南洋風土記』を書いている。トラック公園は九十年以上の歴史があることになる。

ルーカスさんは遜色のない日本語で五十～六十年前のトラックの物語をしてくれた。ここら辺一帯は、戦時は山の手町と呼ばれ、南洋庁支庁、軍司令部、官庁と官舎、学校、郵便局があった。南洋一(いち)のショッピングセンターもあった。が、今はほとんどジャングルだ。語るルーカスさんは遠い空を見続けている。幻を見ているのだろう。港をめざして歩く。ルーカスさんは、はるばるやって来た日本人に懸命に近辺の状況を説明してくれた。「この道は今の倍はあった。この支庁桟橋に宮様が来られた時には、軍人は飾った軍服、役人は一張羅を着て、この両側に控えて迎えたものです」

すき間のない程、家が建込んでいた山の手町も、一九四四(昭和十九)年二月十七日〜十八日の大空襲ですべて灰に変わってしまい、港の桟橋もガラクタの山となってしまった。爆撃されたそのままに近い状態に草木が生えたのが、今の形だという。ルーカスさんが別れが近くなってから、盛んに昔の良かったことを口にしだした。「私は文明を逆さに生きてきました。わかりますか? 二十歳までは都会生活、それから原始生活に逆戻り、不思議の世界です。もう、あきらめています」八十一歳という年齢、今の島の状態が彼を仙人に仕立てたのだろう。彼は一人でジャングルの中へ消えて行った。

竹島に渡り昼食とする。夏島の南側、すぐそこに竹島はある。周囲は全部石垣で固めた長さ千四百mの島。そこに千二百mの滑走路があった。零戦の基地だった。ここも二月十七日〜十八日の空襲で飛行機もろ共、掘り返され、土塊だらけの島に変わってしまった。モーターボートの運転手も加わって、四人で乾盃。特例でビールも許されようが、酔っ払い運転にならないように注意しよう。トラック産日本様式弁当もまあまあいけた。

椰子の葉陰で、怪談を一つ。話すは末永さん。それは冬島でのこと。大空襲のあと、どこの戦場でもそうであったように、制空権、制海権をアメリカに奪われた島々は、食糧、物資の補給が一切出来なくなった。トラックも例外でなく、兵士は住民と一緒になって野菜を作り始めた。冬島のある兵士が畑の畝を曲げて野菜を作っていた。仲間が「何で畝ば曲げるとよ」と聞くと「こうすっと、水の廻りがよく、作物によかとよ」と答えて一人でモクモクと作り続けた。畝は昨日は右に、今日は左へと曲がっていた。誰が考えても畝は真っすぐの方が効率が良いに決まっている。さて何故彼は野菜の列を曲げたのでしょうか？　そう、彼はアメリカのスパイだったのです。今はアメリカでのうのうと暮らしているらしい。畝で上空を飛ぶ、アメリカの飛行機に暗号を送っていたのだという。実話ならとんでもない奴に軍は飯を食わせていたことになる。

帰り道にもいろいろあるから、それ等に寄りながら帰ろうということになった。南貿桟橋に寄る。南洋貿易の会社が専用に使ったもので、当時は相当賑わったようだ。作業船があちこちの浅瀬に乗り上げている。かなり朽ちてはいるが、数は思いの外多い。鰹を煮た釜もあった。南洋の鰹節のシェアは内地の六〇％だったというからすごいことだ。

検潮所が見えてきた。南洋の標高はここを基準としていた。水上艇基地、ここはボートの先端をつけ、見るだけ。舟を横付けると地主が飛んで来るという。うるさい地主だそうだ。航空司令部、これは遠望するだけ。近付くだけでうるさいのだという。司令部の背景には山が控え、密林になっている。石垣が見え、防空壕が並んでいるというが、これは見えない。宝の山をなぜ公開しないのだろうか。木を切り、舟をつけさせ、入場料を取ればいいのに。個人は、団体は、カメラ、ビデオ、マスコミと料金を変えて……と思ったが、そう、観光客が少なすぎるのだ。どなって追い返す方が無難なところか。

零戦が沈んでいるという所へ行ったが、どうしても見えない。大急ぎで走り廻ったので、カメラと荷物以外はびしょ濡れだ。私はパンツ一枚の裸になっているからいいが、妻は水も滴るいい女になってホテルに入った。

トラック諸島の興隆、衰退は日本軍の戦争の進展状態に同調していた。熱帯の平和な島にスペイン人がやって来た。次にドイツ人が来た。しかし、島の開発などはされずに時は経過した。大きく変化したのは日本が進出してからだ。一九二二（大正十一）年に南洋庁の支庁ができてから、日本の開発が始まった。昭和十年代、戦いのための基地化は、トラックを都会にのし上げ、最盛期には、海軍料亭の「小松」「南国寮」の支店もできるほどになった。ルーカスさんの言う文明が花開いた。しかし、昭和十九年のあの日の二日間の大空襲で原始に戻ってしまった。トラック文明は戦争によって興り、戦争によって滅したのだ。

遠く離れた南太平洋の戦線を維持する国力のなかった日本は、次々と敗戦を続け、下手をすれば本土もジャングル以下になりそうになった。結果、日清、日露戦争以来、溜め込んだ貯金はきれいになくなり、明治維新時と同じ領土に戻ってしまった。戦争とは計算に合わないことの証明である。

末永さんとの再会を念じつつ、飲んで話してトラックの夜は更けた。

チューク諸島

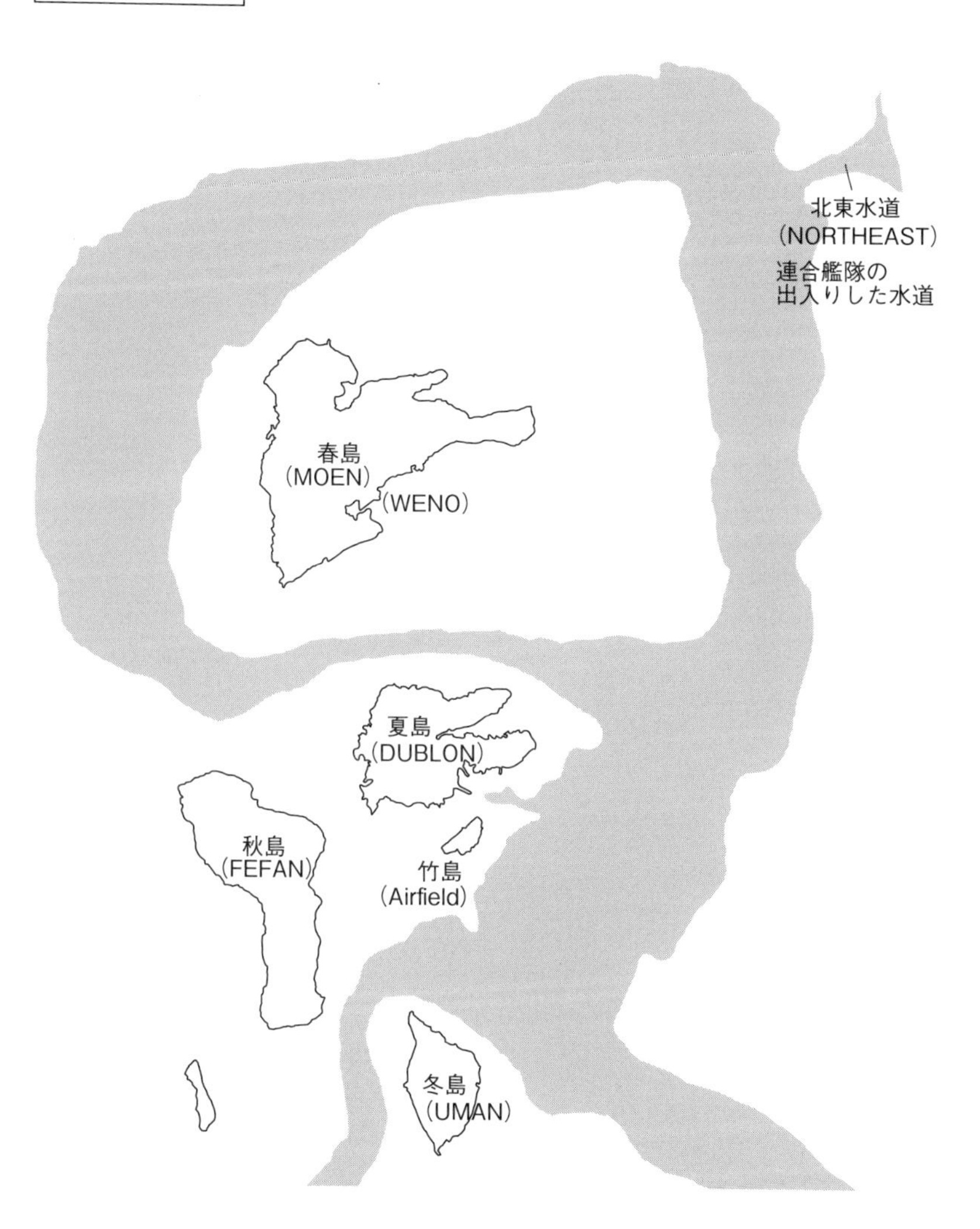
北東水道
(NORTHEAST)
連合艦隊の
出入りした水道
春島
(MOEN)
(WENO)
夏島
(DUBLON)
秋島
(FEFAN)
竹島
(Airfield)
冬島
(UMAN)

ミクロネシア連邦

第九章
ポンペイ島（旧ポナペ島）

二〇〇七（平成十九）年
二月五日〜六日

スペイン時代以来のカトリック教会

ポンペイ島へ

二月五日にチュークからポンペイ（旧ポナペ）に飛ぶ予定になっている。コンチネンタル航空は、前にも記したように、グアム―チューク―ポンペイ―コスラエ―マジュロ―ハワイの赤道航路に一日片方行一便を飛ばしている。次の日に、ハワイから逆にグアムに向かう。乗り遅れて、どうしても同方向に行かなければならない時は、明後日になってしまう。

一〇時半の便に間に合うように、末永さん夫妻に空港まで送ってもらった。ホテルのママさんとスタッフ三人が、三泊した二人を「サヨナラ」「アンニヨンヒガセヨ」とか、いろいろの言葉で送り出してくれた。

中国の援助でできたという空港は、一日一便しか飛ばないにしては大きな建物だ。空港税らしきものを払う。飛行機は時間通りにやって来た。しかし、搭乗の案内はない。何だかへんだ。すると、左前主翼の下に高い台車を持って来て、係員三人が翼をなでている。妻と二人で建物の外へ出たり、立ったり座ったりしているうちに三時間ほど過ぎてしまった。油漏れらしいという話が伝わってきたが、空港からは何の説明もない。乗れるようになったのは一三時四五分。三時間十五分の遅れだ。ポナペの戦跡巡りは中止かな、予定変更かと思ったが、行くだけは行ってみることにした。

飛び立つと、横断した夏島はもう眼下にあった。そして期待していた通り、北東水道（North East Pass）の真上を飛んでくれた。水道の入口に三つの小さな島がある。北からQuoi, Basis, Mor

だ。三島共、リーフの真中に浮き、丸く、白い円板に囲まれている。BasisとMorの南側を戦艦「大和」と「武蔵」が通過し、泊地まで進んだのだ。空の上から拝見できるとは、感激の極みだ。窓の右方より左方へ消えて見えなくなるまで、カメラは鳴りっぱなしだった。続いてFalo、Osakuraと島は続く。環礁に囲まれ、白い波の輪が美しい。海の青のグラデーション。リーフのみの曲線、浅瀬に寄せる波の造形。さながら、海上の美術館だ。ポンペイまで海を見続けた。この赤道航路のチュークより先が世界一の見所だと本で読んだことがある。本の説明は誇張ではなかった。

9－1　ポンペイへ　すばらしいリーフ　感激!!

Federated States of Micronesia（FSM）の首都パリキールには時差もあり、現地時間一五時四五分に到着した。戦場巡りは諦めるしかなさそうだ。FSMはコスラエ、ポンペイ、チューク、ヤップの四州から構成されている。ポンペイもスペイン、ドイツ時代を経験し、その後日本が統

9－2　日本軍司令部の跡　今は入れない

治し、ミクロネシア連邦の仲間に入り、チュークなどと一緒に独立をした。今この島に首都がある。人口は三万四千人だ。

ポンペイのガイドはダイビング用品のレンタル屋をしている大村君が務めてくれた。戦跡は、これからは無理なので、街を見たいと提案すると「わかりました。それでは……」と車で街に向かった。

ドイツ時代のベルハウス、スペイン時代からのカトリック教会、日本軍の司令部の建物を続けて車の中より見学する。司令部は使われなくなって十七～八年たつ。今は中には入れない。鉄筋コンクリート造りのひょろ長い三階建ての建物だ。公学校の跡に市役所があり、学校の石の門柱だけが当時を語ってくれていた。パリキールは、日本時代には青木村と呼んだそうだ。

繁華街の商店の横に、小型の戦車が置かれていた。大きさ、鉄板の厚さからみて、日本製だろう。色が塗られている。大村君の説明は何もない。通っている人にとっては毎日みている物、何の興味も示さない。写真だけは撮ったが、これで戦時の遺物は終わったようだ。

名産品店へ行ってみる。ガイドや添乗員は、地元へのサービスのつもりか、バックマージン欲しさにか、観光客を土産屋に連れ込むがいい迷惑だ。趣味、好みの合うものならまだしも、絨毯屋で十畳用や二十畳用の物を見せられる。鳥小屋に住んでいる日本人に必要としている人はどのくらいいるものだろうか。とりあえず特産の胡椒を見せてもらう。隣り近所への土産はもらっても負担に思わないくらいな物が好ましい。胡椒の粒と佃煮を各十ずつ購入する。次はHand Craft Shopへ行ってみる。マホガニーで使った器などが多い。製作過程を見るだけにしておいた。

9－3 旧公学校の門柱 パリキールの市役所入口にある パリキールは元春木村

人がたくさん集まっている家があった。なぜか皆ニコニコ、ソワソワしている。聞くと、この家で生まれたばかりの子供が死んだのだという。遺体を埋める穴は、家の横に掘ってあった。広い庭には子豚が二頭、足を縛られ横になっている。パンの実とシャカオを作るハイビスカスの根が集められ、火はもう熾（おき）になっている。これから集まった人に焼いた豚の肉とシャカオ（フィジーではカバと呼ぶ）が振舞われるのだ。それで皆ワクワク、ソワソワしているのだ。

9－4　マングローブ蟹　俎と木槌が付いてくる　甲羅と爪の中に肉が多く、美味

シャカオはハイビスカスの根を叩いて水に浸し漉して飲む。シャカオは不思議な飲み物らしい。四〜五杯飲むと、トロンとしてきて、男はだめになるが、女は意気軒昂となり不特定な男の子供を生む結果になるという。出生証明書には男欄は不明と記入される。この証明書は病院が作り、裁判所が保管するという。シャカオの話は本当だろうか。

Hotel The Village は島北部のジャングルの中にあった。ニッパ椰子のコテジだ。客室がちょっと変わっていた。まず窓は金網のみ、ベッドは厚さ二十cmくらいのウォーターベッドで蚊対策に一人一人のベッドの上から白い蚊帳が三角形に吊られている。未だかつてこの組合せのベッドで寝たことはなかった。

ポンペイの物価は、この頃すごく高くなったらしい。石油一ガロン（三・八ℓ）四ドル、キャベツ一ケ四・五ドル（六百円以上）する。最低賃金は一時間一・三五ドルだそうだ。本来自給自足の島で、助け合いの島だが、物価のことなど政府は見て見ぬ振りをしているらしい。

助け合いの島だが、この頃人に用事を頼むと金を請求されるようになったという。又子供は金を他人にせびるようになったそうだ。十年後にミクロネシアに行って、人にカメラを向けると、中東やアフリカのように、手を出されるようになるのだろうか。

夕食にマングローブ蟹が又出された。コウモリとマングローブ蟹はいいから椰子蟹が欲しかった。ここでも俎と木槌付きで出された。甲羅と爪の中に身が多く結構腹にたまる。別途注文すると三十ドルらしい。チュークの春島の市場では十ドルで売っていた。

二月六日の朝食はフルーツの盛合せ（パパイヤ、パッションフルーツ、バナナ、サワーサップ）、ジュース（グァバ、パパイア、ココナッツ）、トースト、ソーセージ、チーズオムレツ、紅茶。これで二十二ドルだそうだ。

9－5　ソケース・ロック　ポンペイのダイヤモンドヘッドだ

ホテルから、ポンペイのダイヤモンドヘッド、ソケース・ロックがよく見える。手前の海は引き潮時で、干潟になっている。ソケース・ロックにスコールがやって来た。さっと暗い雲が山の上にかかっている。多い時は日に四～五回、スコールはあるという。

わずか半日のポンペイ。次回はポンペイ―コスラエ―マジュロ―ハワイに挑戦してみたい。

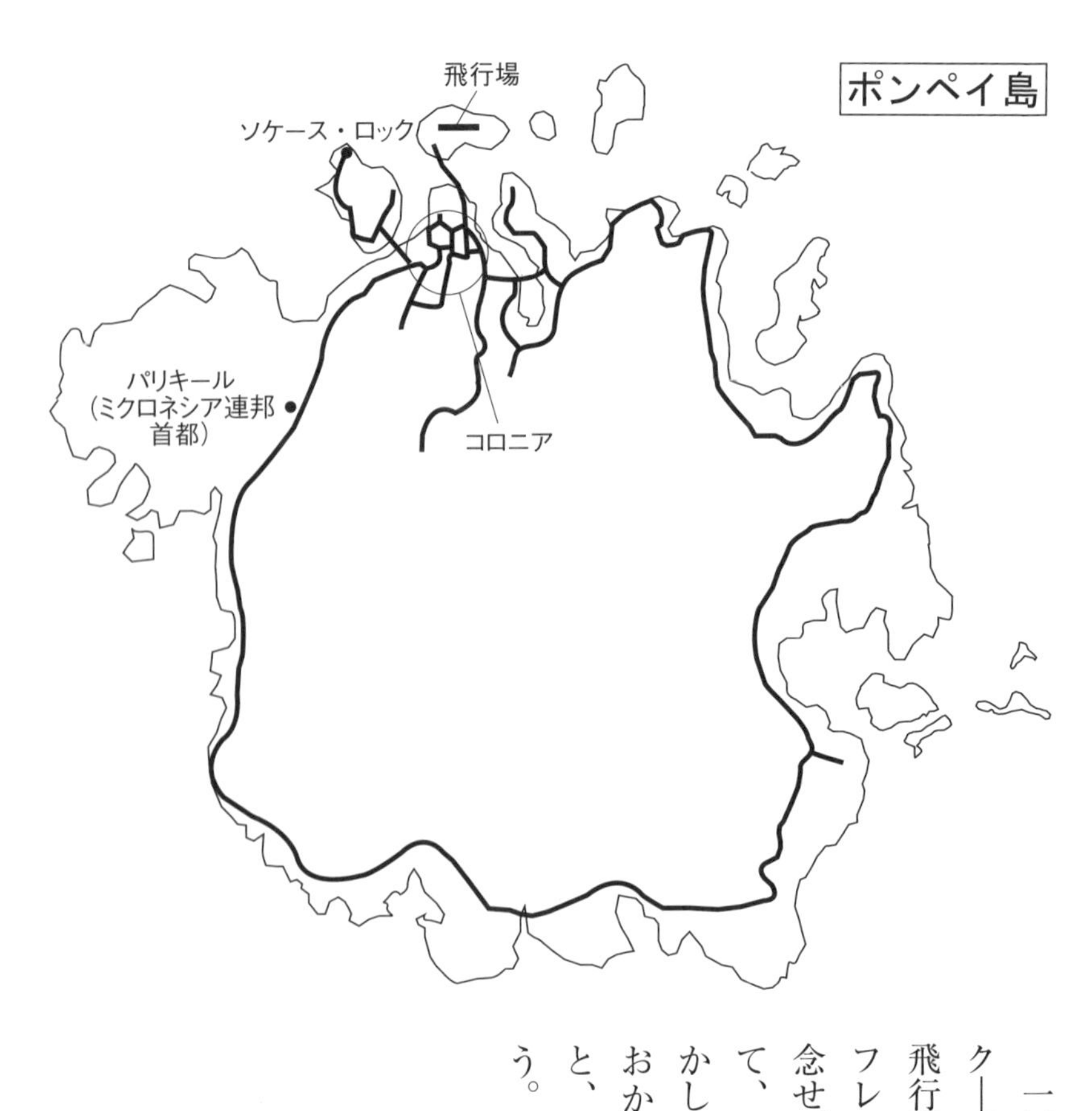

一四時五二分発ポンペイ―チューク―グアム行きはがら空きだった。飛行機の故障により、島の観光パンフレットにもあった戦跡ツアーは断念せざるを得なかった。現地まで来て、これほど残念なことはない。しかし、ハプニングはどこで起きてもおかしくない。神様のいたずらかと、きっぱりと諦めることにしよう。

ウズベキスタン共和国

第十章　タシケント

二〇一〇（平成二十二）年
八月三十一日

レギスタン広場　サマルカンドの中心地
桁ちがいの大きさのメドレセ群

ウズベキスタンという国は

私はウズベキスタンに二度足を運んでいる。一度目は遺跡とシルクロードを訪ねて、ウズベキスタンを一周した。二度目はトルクメニスタンに行く折に、ウズベキスタンを経由し、その際ウルゲンチ、ヒヴァ、ブハラ、タシケントなどに寄っている。もう一度ゆっくり行ってみたい国の一つだ。歴史、遺跡は中央アジアではぬきんでているし、シルクロードの中間地点としての魅力はウズベキスタンに勝る国はない。

現在のウズベキスタンは、いわゆる〝なーんちゃってイスラム〟の国で、戒律のゆるいイスラム国になっている。旧ソヴィエトより独立したため、国のシステムもうまく機能せず、貧富の格差は大きく、治安もよくない。そんな国になぜひかれるのだろうか。それは、かっての栄光が、手つかずに形で残っている国としてウズベキスタンが、一、二を争うからだ。

私はシルクロードは、中国の西安から、トルコのイスタンブールまで何回にも分けてだが、だいたい歩いている。中国の敦煌からトルファンを通り、緑豊かな草原地帯、あるいは砂漠やオアシス都市を通り、ウズベキスタンのサマルカンドに行っている。そこには古くからイラン系のソグド人が住んでいて、ソグディアナと呼ばれていた。そこへトルコ系のチュルク人が侵入し呼び名もトルキスタンとなった。八世紀にイスラム教が入り、イスラム化したと思うと、十三世紀にモンゴル人が強引な破壊力をもって一帯を征服した。そしてソグド人は消えていった。

モンゴルの分派、チャガタイの有力な部族から成りあがったのが、アミール・チムールで、一三七〇年にチムール帝国を興し、サマルカンドを復興させた。その孫ウグル・ベクは偉大なる天文学者・数学者・宗教家そして政治家だった。この頃、シルクロードは栄えに栄えたことだろう。そして帝国のあとに三つのハン国（ブハラ・ハン、カザフ・ハン、コーカンド・ハン）ができて、其の覇を競い合った。一五五二年、ロシアのイワン四世がカザフ・ハンを併合し、次々とイスラム地域はロシアの統治下におかれ、スラブ人が入植するようになった。一九九一年ソヴィエトが解体し、ウズベキスタンは独立した。その結果、時代時代に関する遺跡が残された。王国や宗教に関するモスク・メドレセ・キャラバンサライ・墓などが、良い状態で保存されている。サマルカンド、ブハラ、シャフリサブズ、ウルゲンチ、ヒヴァなど、宣伝を上手にすれば、ウズベキスタンは、一大観光国になるだろう。

日本人抑留者の造った劇場

その宣伝下手なウズベキスタンで、二つの興味ある話を聞いた。そして、なるほどと納得したので、ここに御披露目しましょう。

まず一つは、アジア・太平洋戦争後、不当にソヴィエトに抑留された日本兵士がウズベキスタンで、すばらしい劇場を造り、人々に称賛されたこと。もう一つは縁もゆかりもない国に朝鮮人が根を下ろして、集団生活をしている事実。二つはちょっと似ている点もあったので探ってみた。

日本人の方からみてみよう。アジア・太平洋戦争後、ソヴィエトに留めおかれた日本人は推計約五十六万人、そのうち死者は約五万三千人（厚生省の社会援護局調査資料室による）だったという。ウズベキスタンには約二万四千人が配属された。その中で劇場を建設したグループの特異性と後日談である。

ウズベキスタンでの日本人抑留者は、運河・ダム・水力発電所・炭鉱と多岐な仕事に従事した。注目は首都タシケントの劇場の建設だ。モスクワのレーニン廟の設計で知られる建築家ショーセフの設計したアリシェル・ナヴォイー名称劇場に関して、いかに日本人が活躍したかを話さなくてはならない。

劇場は一九三〇年代に造り始めた。やや間があいて、一九四四（昭和十九）年、工事再開。一九四五（昭和二十）年、舞台部分が加わった。三階建て、一万五千㎡、五広間があり、各州の名前がつけられた。座席は千四百、二階、三階にバルコニー席がある。中央アジアで最も格の高い劇場で、煉瓦造りのビザンチン様式、ウイーンのオペラハウスを彷彿とさせるそうだ。

さて、日本人抑留者は、極東から四十日間かけて移送されてきた。劇場に従事した日本人は約五百人だった。この集団の中には、機械・電気・板金・配管・溶接の技術者がいて、大卒の建築指導者もいた。立派な専門家集団が出来上がっていたのだった。日本人の他、ドイツ人捕虜、ウズベク人、ロシア人も加わり、結果として芸術性の高い劇場が完成した。

作業は煉瓦焼きから始まった。「仕事はしっかりやろう」これが日本人の合言葉で、食事は平等に分けた。この仕事ぶりは評判になり、食品、ウオッカなどの差し入れがあり、結婚の申し出まであったという。

劇場は一九四七（昭和二十二）年より営業を開始した。そして日本の努力を顕彰したレリーフが

10-1　ウズベキスタン　タシケント　劇場のレリーフ

はめ込まれた。正面から見て左側の壁面にあるレリーフには「一九四五年から一九四六年にかけて極東から強制移住させた数百名の日本国民が、このアリシェル・ナヴォイー名称劇場の建設に参加し、その完成に貢献した。」と刻まれている。レリーフには、一番上段にウズベク語で、次に日本語、英語、ロシア語と四カ国の言葉で記されている。最初の文は「日本人捕虜」であったが、カリモフ大統領は、日本と戦ったこともないとして、「日本国民」と変えさせた。カリモフが独立国の大統領に就任して、最初に行った外交的措置であったと言われている。

この劇場の建設が只者ではなかったことが分かった事件が起きた。一九六六（昭和四十一）年にタシケントは大地震に見舞われた。市街地は被害で大混乱。ダメージはかなり大きかった。しかし、ナヴォイー名称劇場はひび一つ入らなかった。ウズベキスタンの人々は、改めて日本人の仕事の正確さ、技術の優秀さを誉め称えたという。

時は過ぎ、二〇〇一（平成十三）年のこと、ウズベキスタンの人々は、独立十周年の記念行事を執り行った。そこで日本側は八月二十八日～二十九日の両日、この称

10-2　ウズベキスタン　タシケントのヤッカザライの日本人墓地
79柱の遺影が祀られている

賛された劇場で、木下順二原作の「夕鶴」を公演することにした。団伊玖磨作曲、鈴木敬介演出で、公演は大成功だった。その観客の中に抑留者で、かって劇場の建設をした時の隊長永田行夫さん御夫妻とその仲間二十人の姿があったという。

まず、これで、あの乾燥したウズベキスタンにすばらしい劇場を日本人の抑留者が造ったことを理解し記憶して頂けたと思う。

次にその抑留者たちの墓があることも記しておこう。首都タシケントの日本人の墓は、交通の良い所にあるので、行ってみた。広い墓地の片隅に日本人墓地はあった。抑留者約二万四千人の内八百十二人が亡くなったという。ウズベキスタンには十三カ所に分かれて埋葬されているそうだ。ポツダム宣言など無視したスターリンは、ウズベキスタンに送られ、ここで亡くなった兵士たちの墓を破壊せよとの命令を出したという。歴史上から抹殺せよとの命令を出したのだ。スターリンは、人の形をした面を被った鬼で、人間の血が流れていないのだろう。しかし、ウズベキスタン側は墓地を守ってくれた。カリモフ大統領は二度も日本を訪問し、日本との間で、

「抑留中の日本人死亡者の人道分野における協力」の文書を交換して、遺骨の収集、日本への持ち帰りの努力、慰霊碑の建立を約束した。

このヤッカザライの墓地には七十九柱の遺影が祀られている。各地で亡くなった人々の名を刻んだ石板が、ここに集められている。八月十五日の終戦記念日になると、在留法人会による墓参りが行われ、日本からも遺族が訪れるという。

墓地にあった碑には「永遠の平和と友好の誓いの碑」と題し、下に

「第二次世界大戦終結五十周年を記念し、ウズベキスタン共和国内日本人墓地の鎮魂の碑を日本とウズベキスタンの協力により建立する　一九九〇年十月一日

日本ウズベキスタン友好議員連盟

福島県ウズベキスタン文化経済交流協会

ウズベキスタン国際文化教育交流国民協会」

とある。もう一つ別に「永遠の平和と友好　不戦の誓いの碑　一九九〇・五・二十三・碑建立実行委員会日ソ親善協会福島県支部」と記された碑もある。

余談だが、トルクメニスタンでも日本人墓地に寄る

10-３　2010年８月９日　トルクメニスタン　トルクメンバシの日本人墓地　1906人抑留61名死亡

機会があった。首都アシガバットより北西五百㎞のカスピ海沿岸にある街トルクメンバシ。ここに日本人墓地があった。一九〇六人が抑留され、六十一人が死去。一九五五（昭和三十）年に帰還事業が始まり二〇〇二（平成十四）年に調査団が派遣され、遺骨を持ち帰ったという。

ウズベキスタンの朝鮮人

ウズベキスタンの独立記念日は九月一日。その日のパレードのため、各所で団体、グループが踊りの練習をしていた。八月三十一日、皆が集まって総練習をする会場にたまたまいあわせた。きらびやかな民族衣装を身につけた若いギャルの大集団はただ見るだけで満足だった。集団がリーダーに導かれ、曲に乗って目の前を踊りながら通過して行く。怪しい雰囲気を振りまきながら…。とその中に場違いのように、明らかに朝鮮人とわかる一団が混じっていた。派手なチマ・チョゴリを身につけて、大きいピンク色の扇を広げ、クルクルと輪になって廻りながら、行進していった。

ウズベキスタンのガイドに聞くと、何も不思議でないような顔をして「朝鮮人はウズベキスタンの少数民族の一つに数えられています。バザールでは米も豚肉も朝鮮人のために売っています」と言うではないか。調べてみると、納得する歴史があった。朝鮮人がウズベキスタンに住むようになったのは、日本人の抑留の強制移動に似ているような、ひどい話があったのだ。

時は一八六〇年代、ロシアに朝鮮人が初めて登場した。所は沿海州。沿海州というのは現在プリモルスキーと呼ばれ、南はロシアのウラジオストク、北はハバロフスクを結ぶ線から東側にある山地で、日本海に面している地区。山脈が東沿岸部を南北に走り、港は無く、当時は荒地の多い地方だった。西部は中国との国境に接している。朝鮮とは最南部で、わずかだが地続きとなっている。

十九世紀末までに、狭い朝鮮を嫌い、沿海州に移住してきた朝鮮人は多かった。一八八四（明治十七）年には、それ以前に沿海州に住みついた者は、ロシア帝国臣民として認めるという通達が出されるほど、朝鮮人の移民は多くなっていた。

一九二七（昭和二）年にはウラジオストクをはじめ各地に、朝鮮人集落が形成されるようになった。

一九三一（昭和六）年にはウラジオストクに高麗師範大学ができるほど、朝鮮人は多くなった（一説には十七万人位）。日韓併合、ロシアの十月革命、戦争と世の中の不安定のせいで、沿海州の朝鮮人はますます増えた。

10－4　ウズベキスタン　タシケント　朝鮮人女子の舞

一九三七（昭和十二）年、ロシアの政府は、自治州など作られては大変なので、沿海州の朝鮮人をウズベキスタンへ強制移住をすることにした。朝鮮人にとっては沿海州もウズベキスタンも新天地。ならば、広いウズベキスタンへ行こうと考えた人もいたようだ。

カザフスタン　トルクメニスタン

勤勉な朝鮮人は、ウズベキスタンで運河を掘り、開墾し、豚を飼い米を作った。米はウズベキスタンの主食の一つに加えられた。それにしても思い切ったことをしたものだ。ウズベキスタンに朝鮮人が多いのは、戦争と政治のせいだったのだ。

マレーシア

第十一章 カリマンタン島・サンダカン

二〇〇三（平成十五）年
七月十二日

サンダカン中心街　戦後すべて新しくなった

サンダカン八番娼館のあった島

カリマンタン島は島の南部三分の二はインドネシア分、北三分の一はマレーシアとブルネイ・ダルサラーム領となっている。赤道は島の南部、インドネシア領の上にあり、島全体は熱帯雨林に囲まれている。

マレーシア領は西部がサラワク州、東部がサバ州となっている。このボルネオを西から東へ横断したことがある。行きついた東の果てにサンダカンはある。サバ州の州都はコタキナバル、その次に大きな街がサンダカンだ。

「アジア・太平洋戦争」中、マレーシアはイギリスの植民地であったが、日本軍はサンダカンに侵攻し、占領下においた。ここで、日本に関係する興味ある話題を二つとり上げてみよう。一つは「サンダカン八番娼館」があったこと、そして「サンダカン　死の行進」事件が起こったことである。まず、「サンダカン八番娼館」の件から始めよう。

日本軍が現われるずっと以前に上陸し、強い根を張っていた日本人がサンダカンにはいた。それは女郎屋だった。名前は「一番館」から「九番館」とつけられた九軒の商売屋で、女性が二十人ほどいたという。

こうした外国で働く人を総称して昔から「からゆきさん」と呼んでいた。概して九州から外国に行く女性が多かった。長崎から外国に行き易かったこともあったのだろう。なぜ「からゆきさん」になったのだろうか。根本原因は貧困に由来していた。その典型的な例が、島原・天草地区にあった。時は江戸時代まで溯る。この地方は、島原・天草の乱により、人々の貧しさは増大された。もともと島原・天草地方は山地で、火山灰土の地味は痩せていて、米が育ちにくかった。良い港もなく漁業も振わなかった。乱で米の税率を下げることを要望したが、叶えられず、人的にもかなりの犠牲が出た。幕府は、そこで移民政策をとり、この地方の人口増加を図った。その結果、人口は増えたが、米の生産が追いつかない。貧困に輪をかけることになった。明治維新の後、キリシタンの禁制は解け、出稼ぎに外国を考慮に入れる自由も生まれた。そして、女子には子守りから女工まで選択肢のある中で、何の技術も必要としない、元手なしで稼げるのは売春婦だという発想が生まれた。縁者への遠慮も考えると外国の方が働き易い。そういう貧しい町や村に女衒（ぜげん）の手が伸びて、女性たちは世界中へばらまかれた。その先の多くは東南アジアだった。

11-1　マレーシア　サバ州　密林には天狗ザルが多く住む

サンダカン八番館は経営者は女性で、木下クニといった。サンダカンの女郎屋は、大正時代から、「アジア・太平洋戦争」終結まで、大いに盛った。おクニさんは、日本人の世話を良くしたらしい。友人は日本に帰りたいといつも口にしていたが、おクニさんは一度も日本に帰ることなく、昭和三年二月に現地で亡くなった。

当時の南洋旅行の本に「義俠心に富み、女ながら旦那衆の一人に数えられ、女親分と親しまれ『おクニさん』と呼ばれた」と書かれていた。もちろん、日本の南遣隊が入港すると、将軍から水兵まで至れり尽くせりの歓迎をしたという。

おクニさんの偉いところは、初めから起業しようと、単身南洋に向かったことだ。それは明治二十二年のことで、四十歳を過ぎていた。イギリス人と組んで、南洋で貿易でもしたらおもしろかろうと思ってか、呉服物を仕入れ、まずシンガポールに渡った。そこには、日本人が先陣を切り、雑貨屋、遊郭を開いており、入り込む余地はなかった。そこで将来は開けるだろうとサンダカンに移った。サンダカンには、日本人は一人もいなかった。呉服物を処分し女郎屋を晴れて開業した。それが当った。

当時の花代、売上金の分配はどんなだったのだろう。すぐの客二円（三～五分）、長びくと追加料金、半泊まり（夜一一時から朝）五円、泊まり（宵から朝）十円。分配は親方五〇%、借金払い二五%、女郎二五%だった。宿、飯代は親方持ち、着物、化粧品は女郎持ち。淋病検査週一回、検査代三円。梅毒検査一～二カ月毎、検査代十円。検査を受けないと罰金三十円。検査代女郎持ち。こんな具合に分配、消費されていった。

サンダカンの郊外の山中に中国人墓地がある。なだらかな斜面を利用した広い墓地だ。中国・インド系は火葬をして石塔を建てない。岡を登り、頂上近くの平地になった辺に、日本人墓地がある。中国人の墓にはない石塔が建っているので、日本人墓とすぐわかる。「この三基が、〝からゆきさん〟のものです」ガイドが紹介した墓は大きなものだった。三基のうち一番右にある背の高いのが「おクニさん」の墓だという。「無縁法界之霊」と正面に刻まれた字は堂々としている。女親分とまで言われた人の墓だ、少しはえらそうにしてもらってもさっぱりおかしくはない。この墓石は香港から運んできたものと言われている。二段の基石の上に建ててある。

ただ、墓石の正面が南西の方を向いており、日本の国には背を向けるかっこうになっているのが、気になった。わざわざ日本に背を向けているのか、偶然の仕業なのか。日陰の仕事に従事していたのだから当然だとするなら、その横にある「故雲南丸船長伴野源四郎」氏の墓も同じ方向を向いている。たぶん船長は、日本に帰り着きたい一心の最後だったと思う。ならば彼の墓は北に向けて建てられていても不思議ではない。しかし、「おクニさん」と同じ方向を向いている。ということは地形の関係で向きは決められたのだろう。どちらにしても謎としておこう。

11-2　マレーシア　カリマンタン島　サンダカン　水上生活をする人々

このサンダカンの置屋が戦争中に日本軍とどういう関係にあったかは不明だが、全く兵士たちと無関係ではなかったろう。しかし、終戦近くになった頃には、連合軍の空襲が頻繁となり、「八番館」も無傷であったとは思えない。

日本より遠く離れたカリマンタンの果てで、「からゆきさん」の先頭にたち、日本人の国を意識させた「おクニさん」のような女傑がいたことを、サンダカンに行ったら思い出してほしいものだ。

サンダカン　死の行進

次は悲惨で残酷な事件「サンダカン　死の行進」について語ろう。終戦後、日本軍の捕虜待遇についての不満は各地から上ってきた。マニラ、シンガポール、ジャワ、香港、上海、グアム等あげたらきりがない。日本軍の食糧も十分ではなかったのだから、捕虜の食糧など十分にあったはずはない。待遇は悪く虐待も多かったのだろう。虐待に拘った将兵は、後の裁判で容赦なく処断されていった。

「サンダカン　死の行進」と呼ばれた捕虜の移送はサンダカンで一九四五（昭和二十）年一月から実施されたものだ。

「死の行進」といえば、フィリピンのバターン半島が有名だ。予想もしなかった捕虜七万六千人という大量の人員を移動させなければならなかった。対応する輸送手段が間に合わず、不手際のため七千～一万人の死者を出してしまった。第十四軍司令官本間雅晴中将は、この責任をとって処刑された。

サンダカンでは、一九四五（昭和二十）年一月頃から空襲が相次ぎ、空港の修復も断念しなくてはならなくなった。部隊を六百㎞離れたアピに移動し、捕虜を西方二百六十㎞先のテナウに移すことにした。オーストラリア、イギリス、マレーシア人の捕虜は約二千五百人だった。移動は三回に分け、空爆を避けるため、ジャングルの中を行進するものだった。その行進は困難なもので、歩けなくなると、即射殺された。その処刑は台湾人の監視員が実行したという。日本兵も数百人死亡したというから、かなり危険な行進だったのだろう。結果として、生き残ったのは、逃亡した六〜七人のみで、残りはすべて死亡したというから正気の沙汰ではない。司令官馬場正郎中将以下、幾人かが処刑されたことは言うまでもない。

二〇二三（令和五）年七月三十一日、鶴見の総持寺で、サンダカンの捕虜の遺族と日本軍の遺族が、初めて合同の慰霊祭を開いたという記事が新聞に載っていた。まことに喜ばしいことではないか。

陽の光の強いサンダカンを歩いてみた。ガイドは木下クニさんの墓は紹介してくれたが、八番館の跡も、捕虜収容所の所在地も知らないといっていた。熱帯のイスラム風の雰囲気を味わうだけで十分なサンダカンだった。

カリマンタン島
キナバル山
コタキナバル
サンダカン
ブルネイ・ダルサラーム国
サバ州
マレーシア
クチン
サラワク州
インドネシア

おわりに

日本の戦いの歴史を振り返ってみよう。明治維新から現在の令和の時代まで約百五十年。これを前半と後半に分けてみよう。丁度「アジア・太平洋戦争」が真中にくる。前半は戦いの連続、後半は日本が推し進めた戦争は一度も無かった時期に当る。維新から日本が拘った戦争を列挙すると、戊辰戦争、日清戦争、日露戦争、第一次世界大戦、満洲事変、日中戦争、アジア・太平洋戦争（第二次世界大戦）となる。「富国強兵」のもと戦場も兵士の数も時代が下がる毎に広く、多くなっていった。特に戦場は、日本国内から、朝鮮半島、中国大陸、その沿岸と伸び、ついに太平洋の真中まで広がってしまった。

第一次世界大戦の終わった時に、特筆すべき事態が日本に降りかかって来た。それは日本が戦勝国の一員となり、国際連盟の常任理事国となり、赤道の以北の南洋諸島の委任統治をするよう任されたことだ。そこはかなり広い範囲だ。以前に領有したスペインやドイツはろくに開発もせず有効に利用していなかった。日本は積極的にインフラを整備し、産業を興し、移民を促した。

一方中国大陸では、満洲事変を契機に中国の東北三省に「満洲国」という傀儡国家を建国した。国連はリットン調査団を派遣し、その報告書を基に「満洲国」の存続は否定された。それに対し日本政府は無謀にも一九三三年三月、国際連盟を脱退してしまった。また一九三四年十二月、ワシントン軍縮会議、一九三六年一月にロンドン軍縮会議を破棄してしまう。こうして諸国際規定を軽視し、南洋諸島への縛りもなくなったので、平和な島々の委任統治領は、いつの間にか立派な軍事基地に変貌していった。

　もしもこの委任統治の島々が日本への食糧、肥料、資源の供給だけに終わっていたら、あるいは未開のまま放って置かれていたら、どうなっていただろうか。アメリカが「飛び石作戦」で基地を造り、日本に迫っただろうか。実際の日本は大陸では満洲からビルマ（現ミャンマー）まで、太平洋上中部から西部にかけて、陣をはっていた。人口も工業生産も明らかにアメリカと比べると数で劣っていた。その日本が、広大な大陸と広い大洋に基地を維持し続けられると思ったのが、間違いだった。東條英機首相もガダルカナル戦で内心認めていたように、兵員も武器も輸送船も送れなかった。人はいない、石油はない、航空機は消耗して輸送船は集まらない、無いない尽くしの戦いに未来などない。南洋諸島を任せると言われた時点で、島々は農産物・漁産物・鉱物の供給の地に徹底させ、なぜ中国大陸に力を注がなかったのであろうか。点と線を結ぶ泥沼の中国戦線を傍観するのではなく、面で改めて大東亜共栄圏を打ち立てることに徹底していたら結果はどうなっていただろうか。

　日清・日露の戦役で、日本の領土になった島々があり、朝鮮を併合し、ついに満洲国まで建国した。しかし、日本の領土も広くなったと思ったのも束の間、邯鄲の夢だった。残ったのは昔ながらの「大和の国」だけだった。トラックの夏島のルーカス・メジェンさんの言うように文明から原始に戻ったほどではなかったが、減らなかっただけでも有難かったか。「大和の国」に戻る途中で、どれだけの人命を必要としたか。多大の資金が消えたか。放棄した海外の資産は甚大なものだったろう。新日本誕生のためには膨大な犠牲が要求されたのだ。

私は終戦と言われた一九四五年八月十五日には、まだ三歳未満だったので、当時の様子については何の記憶もない。ただプロペラの飛行機の音だけは好きになれない。その時の体験なのかもしれない。しかし戦記物は好きだった。「路傍の石」とか言うものよりも戦艦「大和」という方に興味があった。そして訪ねる先は戦跡が多かった。本格的になったのは大学時代からだった。学生の時、二度、一カ月間ずつ沖縄に行った。本島周辺だけだったが、南の摩文仁から北の辺戸岬まで丁寧に廻って歩いた。それから仕事の出張に便乗したり、休日を利用して日本の戦いに関係のあった所を訪ねるようになった。鉄道の趣味と相俟って、結構日本中を歩いた。薩摩半島の知覧、大隅半島の鹿屋、山口県徳山の大津島と光の「回天」基地、岩国の米軍基地ではアメリカの友人もでき、基地祭には何年も通った。呉の海軍兵学校、戦艦「大和」関係、忠海からの大久野島の毒ガス製造所、和歌山の友ケ島、信州松代の大本営の洞窟など、旧い時代の構造物などを訪ね歩いた。そのうち海外に眼が向くようになり、サイパン、テニアン、ロタ、グアム、台湾、香港、マニラ、シンガポールと守備範囲は広まった。

四十歳で会社員の仕事にけりをつけ、信州に定住し小さな商売を始めた。それもいつしか安定してきたので、昭和の終わり頃から平成にかけ、海外に出ていくことが多くなった。「ソ連の冬の芸術祭」を訪ねたのが昭和の終わりで、平成二十三（二〇一一）年まで世界の百四十カ国を歩いて来た。そしてその中から日本が拘わった戦争の跡を廻ったのが本書である。今までに本は何冊か出版したが、鉄道と旅の写真集だった。私は「戦場カメラマン」にはなれなかったが、「戦場跡カメラマン」になったつもりで、撮った写真と現場で感じた想いをこの一冊にまとめてみた。団体旅行では痒い所に手が届かないもどかしさもあった。特にガダルカナルには不満が残った。しかし同じ団体旅行でも満洲とラバウルには満足し、楽しく意義深い時を過ごさせてもらった。

どうしても行きたい所はポーランドのアウシュビッツ・ビルケナウ、ノモンハン、インパールとコヒマ、日本国内では硫黄島だ。

一九四五年八月十五日を境に前半・後半に分けたが、後半とて世界で戦争とか内戦のない日はなかっただろう。ただ第三次世界大戦と呼ばれるような大戦争にならなかったのは幸いだった。

朝鮮、ベトナム、イラク、アフガニスタンなどの多くの国で戦争は起きた。そしてこれらの戦いは無事終局に向かった。

しかし、近年大変な戦争が始まってしまった。ロシアがウクライナに侵攻し、軍事封鎖下のパレスチナ・ガザ地区のハマスがイスラエルを襲撃し、ハマス撲滅のためにイスラエルが本気でガザ地区に攻撃を仕掛けた。ロシアの目的はウクライナの領土を収奪すること、イスラエルの意とするところは、ハマスのメンバーを全滅させることだが、ガザ地区のジェノサイドにもなりかねない。この二つの戦いは、ちょっとやっかいだ。ロシアはベラルーシに戦術核を配置した模様だ。又、イスラエルは核兵器の使用も選択肢の一つと考えているようだ。

そうです、核兵器が出てきたのです。「アジア・太平洋戦争」では戦争の最後にアメリカが開発した原子爆弾を日本で使用した。それから、たちまち世界には核兵器を持つ国が続々と生まれてしまった。その核保有の国が拘わった戦争が、今行われているのだ。

「世界の警察官」アメリカはＮＡＴＯ（北大西洋条約機構）と共にウクライナを支援して、ロシアに経済制裁を加えている。中国はロシアに対し意見するでもなく、一見中立風を保っている。しかしロシアからの中国への石油の輸入などは以前よりも増えているようだ。台湾有事の際にロシアが口出しをしないことを願っているようにも思える。

一方、北朝鮮は、大儀なきプーチンの戦争に武器を供与し、軍事技術を得ようと、とんでもないことをしている。この国も、核を持つ国になっている。

国連憲章、核禁止条約、核拡散防止条約が、世界の法律、規約として存在する。しかし、国際連合はこの二つの戦争に有効な手は一つも打てそうもない。国連の常任理事国にロシアとアメリカが名を連ねており、ロシアは自国の戦争を肯定し、アメリカはイスラエルに強い指導はできない。互に拒否権を行使し、国際連合は、有って無きに等しい状態だ。

イスラエルに対し、レバノンのヒズボラ、イエメンのフーシなども攻撃や船の航行を妨害し、ハマスに同調している。このバックに否定はしているがイランがついている様子だ。

古い昔のユダヤ人とパレスチナ人、ユダヤ教とイスラム教、イスラエル建国時よりのイスラエルとアラブ人の戦い…深い争いの再現に他ならない。イスラエル寄りの米英の攻撃も加えられ、モザイク模様のバランスが崩れようとしている。かってバルカン半島での些細な事件が、大国を引き込み、第一次世界大戦になってしまった。今、まさか、第三次世界大戦の入口に立っているのではないだろうか。

日本も与那国島にまで、自衛隊の基地を造り、防衛費を増加する予定のようだ。アメリカの傘の下、自衛力を充実する予定だろう。アメリカに遠慮し、核禁止条約も批准できない日本。せめて戦争の抑止に努めるべきだ。戦いになっても、日本は積極的に出ることなく、後方支援で済むよう工夫をこらす方が良い。専守防衛の理念が形骸化しようとしている。

国民全員が幸せに生きられるよう、豊かに健康に。自分の懐ばかり心配する国会議員ではなく「日本平和党（戦争は絶対しない党）」の議員が四百人を超えるような国になって欲しいものだ。

皆さんも日本が昔戦争をした所に行ってみて下さい。ガダルカナル島で、ペリリュー島で、相手を殺すことが、正義で義務だったことを考えてみて下さい。こんな悲惨なことがあるでしょうか。市井で人を殺せば死刑です。殺人が仕事だというのが軍人です。軍人を上手にコントロールできる「日本平和党」が結成される日を待ちましょう。

この本を出版するに当り、長野県遺族会会長の池内宜訓さん及び長野大学副学長山浦和彦さんの指導・御協力を戴けたことを幸甚に思います。又、私の手書きの原稿を九十歳という御高齢にもかかわらずパソコンで整理していただいた上田市在住の平野進さんには、非常に感謝致します。そして長い年月、私の我儘（わがまま）な放浪の旅を許し、不規則な西太平洋の旅に同行してくれた妻にこの書を捧げます。

二〇二四（令和六）年七月

唐澤　昌弘

参考文献

鈴木荘一『満州建国の大義』毎日ワンズ　二〇二四
大江志乃夫『満州歴史紀行』立風書房　一九九五
ダイアマガジン3月号『満州と関東軍の真実』ダイアプレス　二〇二三
及川琢英『関東軍』中央公論新社　二〇二三
西村　誠『ニューギニア』光人社　二〇〇六
間嶋　満『ニューギニア戦記』光人社　一九八八
相澤　淳『山本五十六』中央公論新社　二〇二三
堀川恵子『暁の宇品』講談社　二〇二一
水木しげる『総員玉砕せよ！』講談社　二〇二二
E・B・スレッジ『ペリリュー・沖縄戦記』講談社　二〇〇八
早坂　隆『ペリリュー玉砕』文藝春秋　二〇一九
平塚柾緒『玉砕の島　ペリリュー』PHP研究所　二〇一八
西村　誠『ガダルカナル』光人社　二〇〇六
NHKスペシャル取材班『ガダルカナル悲劇の指揮官』NHK出版　二〇二〇
辻　政信『ガダルカナル』毎日ワンズ　二〇二二
半藤一利『遠い島　ガダルカナル』PHP研究所　二〇〇三
中公ムック歴史と人物15『太平洋戦争』中央公論新社　二〇二三

一ノ瀬俊也　『東條英機』　文藝春秋　二〇二〇
半藤一利　『なぜ必敗の戦争を始めたのか』　文芸春秋　二〇二一
古谷経衡　『敗軍の名将』　幻冬舎　二〇二一
波多野澄雄他　『日本の戦争はいかに始まったか』　新潮社　二〇二三
鈴木荘一　『日本陸海軍勝因の研究』　さくら舎　二〇二一
中川恭子　『ウズベキスタンの桜』　KTC中央出版　二〇〇五
矢嶋和江　『ウズベキスタン滞在記』　早稲田出版　二〇〇九
山崎朋子　『サンダカン八番娼館』　文藝春秋　二〇〇三
拳骨拓史　『日本の戦争解剖図鑑』　エクスナレッジ　二〇一九
鈴木荘一　『ロシア敗れたり』　毎日ワンズ　二〇二三
NHKスペシャル取材班　『ビルマ絶望の戦場』　岩波書店　二〇二三
司馬遼太郎　『坂の上の雲』　文藝春秋　一九七三
森万佑子　『韓国併合』　中央公論新社　二〇二二
吉田　裕　『日本軍兵士』　中央公論新社　二〇一八
保坂正康他　『もう一度近現代史』　講談社　二〇二二
半藤一利　『昭和史　一九二六―一九四五』　平凡社　二〇二一
重光　葵　『巣鴨日記』　ハート出版　二〇二三
山下清海　『日本人の知らない戦争の話』　筑摩書房　二〇二三

参考文献

富田　武『シベリア抑留』中央公論新社　二〇一六
飯山　陽『中東問題再考』扶桑社　二〇二二
東　大作『ウクライナ戦争をどう終わらせるか』岩波書店　二〇二三
佐藤優也『イスラエル戦争の嘘』中央公論新社　二〇二四

著者紹介

唐澤　昌弘（カラサワ　マサヒロ）

1942年（昭和17年）旧満洲国四平街に生まれる。
大学時代より鉄道に興味を持ち、旧国鉄を2回完乗。
会社勤務を経て上田市塩田平に山野草園「前山グリーンガーデン」を開設。
そのかたわら世界の秘境を訪ね、写真撮影と不思議発見の旅を続ける。
旅の先々で蒐集したもの、鉄道のコレクションを展示した「T-Museum」を開設している。
著書に「さようなら丸窓電車」（銀河書房）
「なつかしの上田丸子電鉄」「同特装版」（共著）（共に銀河書房）
「你好満洲」（銀河書房）
「世界不思議人めぐり」（オフィスエム）がある。

長野県上田市前山259　電話　0268-38-4693
携帯　090-5510-5114

アジア・太平洋戦争の跡を訪ねて
～私たちは日本の戦いを知っていますか～

2024年7月5日　第1刷発行

著　者　唐澤　昌弘
発行所　信毎書籍出版センター
〒381-0037　長野市西和田1-30-3
☎(026)243-2105

ISBN978-4-88411-259-2